语 文 知 识 小 丛 书

U0723619

文言文常识精讲

喻旭初 主编

陆平 编写

凤凰出版社

图书在版编目（CIP）数据

文言文常识精讲 / 陆平编写. -- 南京 ： 凤凰出版社，2023.10
（语文知识小丛书 / 喻旭初主编）
ISBN 978-7-5506-3990-4

Ⅰ．①文… Ⅱ．①陆… Ⅲ．①文言文－中学－教学参考资料 Ⅳ．①G634.303

中国国家版本馆CIP数据核字(2023)第174189号

书　　　　名	文言文常识精讲
编　　　　写	陆　平
责 任 编 辑	杜锦瑞
装 帧 设 计	陈贵子
责 任 监 制	程明娇
出 版 发 行	凤凰出版社(原江苏古籍出版社)
	发行部电话025-83223462
出版社地址	江苏省南京市中央路165号,邮编:210009
照　　　　排	南京凯建文化发展有限公司
印　　　　刷	苏州市越洋印刷有限公司
	江苏省苏州市吴中区南官渡路20号,邮编:215104
开　　　　本	787毫米×1092毫米　1/32
印　　　　张	8.375
字　　　　数	124千字
版　　　　次	2023年10月第1版
印　　　　次	2023年10月第1次印刷
标 准 书 号	ISBN 978-7-5506-3990-4
定　　　　价	28.00元

(本书凡印装错误可向承印厂调换,电话:0512-68180638)

前　　言

　　二十多年前,我和几位同事合编了《古代文化知识精讲》《文学常识精讲》《古代名句选讲》三本小册子,由于讲的都是常识,坚持面向大众,因而受到了普遍欢迎,一度成了畅销书。今年,我又和同事合作,推出三本新的小册子。这是三本什么书,又为什么要编呢?

　　先看学校里。不少中学生"一怕文言文,二怕写作文"。这种状况应该改变,这需要从学好有关常识做起。

　　再说社会上。眼下的信息时代,人们日益追求快速、高效,不愿看稍长一点的文章,不肯稍作一点冷静的思考,以致经常出现用词不当、表意不明、言不及义、花里胡哨的表达。其中一个重要原因是忘记了常识。难怪几年前就有人说,当代人不缺知识,缺的是常识。

　　为了帮助中学生和社会上的普通读者初步具备读懂浅近文言文的能力和基本的写作能力,我们编写了《文言文常识精讲》《写作常识精讲》。而要有基本的写作能力,首先必须解决好正确表达的问题。语法能使表达通顺,修辞能使表达生动,逻辑能使表达严密,为此我们编了《语法修辞逻辑精讲》,以有助于表达的规范。

因为这是一套面向大众的普及性读物,所以我们在编写时坚持两条:一是通俗性,不玩概念,让读者一看就懂;二是资料性,少说大道理,多附对读者有用的资料,如容易用错的成语100例,常见的语、修、逻错误,常见的文言虚词20例,应试作文临考应注意的问题,增强语言吸引力的方法,等等。

说到常识,我想起了从报上看到的一则短文。有人问一位事业成功者有什么经验,答曰:"没什么经验,我只是喜欢按常识去认真做事而已。"这句普通得不能再普通的话告诉我们:如果肯在学常识、按常识做事上下功夫,把平常的事做到极致,把低级错误降到最少,那效率、成功就一定会随之而来。当然,随着科技的进步和时代的发展,常识也得不断丰富、完善,但它对实践的指导功能永远不会过时。

关于常识,我想再说几句。从某种意义上说,强调常识,就是尊重规律,就是符合情理,就是坚守底线。实践证明:抛弃常识,目标往往落空;尊重常识,事情常常成功。对每个普通人来说,想多多少少办成一点事,就会深切地感到:常识始终有用,常识伴人一生。

编写这三本小册子,再次体现了我们对"普及常识,面向大众"这一原则的坚守。

我们不敢奢望这三本小册子对中学生和普通读者学好文言、写好文章能有多大作用,只要能对"学到常识,减少失误"有所助益,我们就很欣慰了。

参加本套丛书编写的都是金陵中学语文教研组的优秀中青年教师。为了编好本套丛书,他们在繁忙的日常教学之余,广泛搜集资料,细心加以筛选,认真进行编写,付出了辛勤的劳动。尽管如此,不足仍恐难免,真诚欢迎语文专家和广大读者批评指正。

喻旭初

2023 年 8 月

编写说明

这本册子旨在比较系统地介绍读懂文言文需要具备的基本知识。

我们把知识范围圈定在文言文而不是古汉语，是考虑到古汉语的概念过于广大，还包括口语、音韵等内容，涉及语言的时代特征和发展规律，这是从事专业研究才需要掌握的。而学生和普通人只是阅读古书中的经典篇目。它们虽然写作于不同时代，但共同遵循自先秦散文以来的一套词汇、语法系统。这套书面语言就叫作"文言"，早已脱离日常语言，古人是靠阅读大量经典并模仿写作而习得的。所以文言文既有遣词造句上的统一性，也有修辞谋篇上的继承性，形成了本书要讲的词法、句法和章法。

为方便读者阅读和记忆，我们对知识点的介绍采用词条的形式。词目基本是语文教学中的常用说法，也参考了文字学、词汇学、语法学、修辞学和文章学的术语。解说力求条理清晰，语言简明，把概念表述到位，把原理解释透彻。例证基本采自最新的统编初高中语文教材,以减轻阅读负担。考虑到本书的读者多数尚未学完所有的文言课文,我们给例句附上现代语译,稍复杂的还加以简短分析。

全书共约150个词条,基本涵盖了文言文中存在的语言现象,为初学者提供了一套理解、分析文言文的理论工具。词条的编排按照字、词、句、篇的层级顺序,当然算不上严密周全的体系,但为初学者提供了一个整理、积累文言知识的框架。

希望我们编写的词条,能帮助你将知识与实例牢固结合,深刻记忆,并运用于文言文的分析和讨论。希望我们所讲字词句篇的"法",能帮助你集聚起零散的文言文阅读经验,让文言文的学习事半功倍。

陆　平

2023 年 3 月

目　　录

词　　法

词是能够独立运用的、语言结构中的基本单位。词的内容是意义,词的形式是语音,字是词的书面记录。

字记录单音词的途径是多样且复杂的,复音词也不是单音词的简单相加。我们学习文言词法,就是要了解字记录词的常见方式,以及词的构成和变化的常规,以辅助积累文言词义。

这里要强调,词义是在词的不断运用中产生、发展的。这里介绍的词法可以解释词的已知义项为何产生,但不能用来推导或证明某词可能产生的义项。积累文言词义的根本方式还是多读多记。

单音词

单音词由一个音节构成,一般用一个字代表,如"兵""卒""吾""伐""望"等。由于古今词义的变化,文言文中某字表示的单音词并不一定跟现代汉语中包含该字的双音词相对应。如"邹忌讽齐王纳谏"的"讽",是用微词婉言对人进行劝告,与现代"讽刺"一词的意思迥异。

一、字对词的记录

古汉语中,单音词占绝对优势,一般一字对应一词。人们往往把字与词混同起来,希望通过分析字形把握词的本义。但是,词的本义不等于字的本义。某词有相应的字之前,很可能已经经历了词义的发展,字只是针对词的某一义项而创造的。比如"阳"这个词,由"阳光"义引申出"温暖""明亮""山的向阳面"等义。"阳"字繁体为"陽",左边形旁是"阜",阜是山冈,那么"陽"字可能是为"山的向阳面"这个意义而造的。

我们下面介绍的字记录词的方式,可以用来分析字的本义,帮助理解字所表示的词的某个义项,但不可认为该词的所有义项都围绕这一义项展开。

【象形】

又叫"象物",用简洁的线条描摹物体形状来构成汉字。用象形构成的象形字所代表的词就是所描摹之物的名称。现代简化字的字形已经距离相应之物的形体很远，我们要理解象形字，要尽量追溯早期汉字形体，如商周之甲骨文、金文，秦之篆文等。

⊙ 行：艸（甲）　北（金）　行（篆）

——我们熟悉的"行"字是用为动词的。《说文解字》分析"行"的篆文字形是由模拟人腿部的"彳""丁"组成，认为"行"的本义是"人之步趋"。但是其甲骨文、金文字形表现的是四向通达的十字路。《诗·小雅·大东》有"行（xíng）彼周行（háng）"（走在宽阔大路上），后一"行"字用的才是本义。

汉字除了模拟单个物象，还可以通过组合物象来表意。

有些象形字表示的东西很难孤立地画出来，所以造字的时候，就连带相关的事物，如周围环境、附着或包含的东西等一起表现出来。

⊙ 州：州（甲）　州（金）　州（篆）

——"州"的本义是水中的陆地。如果文字光用○形表示陆地，意义不够明确，所以在两边加上模拟河流的曲折线作为衬托。后来"州"更多用为行政区域,其本义就由"洲"字承担。(参见"古今字")

⊙牢:𤘙(甲) 𤘙(金) 𣆡(篆)

——"牢"的本义是蓄养牛羊的圈(juàn),如"亡羊补牢"。古文字形中的"宀"就表示的是栏圈,为使意义明确,加上了一个"牛"旁。后来"牢"引申为圈养供祭祀用的牲畜(如"太牢""少牢"),还有监狱、囚禁等义。

【指事】

在象形字符上加指示性的符号,以表明取义的所在。

⊙本:𣎳(甲) 𣎳(金) 𣎳(篆)

——"本"字的本义是树根,字形在"木"的根部加一个指示符号以示意。

⊙末:𣏟(金) 𣏟(篆)

——"末"字在"木"的顶端加指示符号以表示末梢的意思。

⊙ 厷：**𦥑**(甲)　**𠂇**(金)　**𠃭**(篆)

——"厷"字是"肱"的初文（最早期写法）。甲骨文中的"𠂇"（"又"）是手的形状，半圆形的指示符号加在手腕之后，所以"厷"（"肱"）表示手臂。《论语·述而》"曲肱而枕之"即用此义。

【会意】

会合两个以上意符来表示一个跟这些意符本身的意义都不相同的意义的字。

⊙ 及：**𠂇**(甲)　**𡗦**(金)　**𢎜**(篆)

——"及"原指追上前面的人并把他抓住，字形由"人"和表示手的"又"组成。

⊙ 陟：**𨺅**(甲)　**𨺅**(金)　**𨺅**(篆)

——"陟"本义为登、升。古文（金文、篆文）字形左侧为"阜"字，一般认为是山阜的形状；右侧为两个表示脚的"止"，脚趾的形状向上表示人由低处向高处走。与"陟"相对的"降"字，右侧就是脚趾向下的两个"止"。

⊙ 北：（甲） （金） （篆）

——"北"是"背"的初文，字形由相背的两个"人"组成。北方是背阴的一方，表示方位的词义"北方"是由本义"背"派生出来的。后来"北"字主要用来表示方位，另在"北"上加注"肉"旁分化出"背"字来表示本义。（参见"古今字"）

【形声】

用表示意义范畴的意符(形旁)和表示读音类别的音符(声旁)组合成字。直接用意符和音符组成的形声字很少。大部分形声字是由已有文字加注音符或意符而成的。

⊙ 羞：（甲） （金） （篆）

——甲骨文"羞"字由"又"和"羊"构成，"又"表示手，所以"羞"的本义是进献食物。后来"又"变为形近的"丑"（篆文下部），就成为从"羊"、"丑"声的形声字。

⊙ 奉：（金） （篆）

——金文"奉"字由"丰"和"廾"（gǒng）组成。"廾"表示两手捧物，"丰"不但起音符的作用，同时也代表手捧之物。篆文在金文的基础上又增加了下部的"手"旁。

造字或用字的人，为求字形的整齐匀称和书写的方便，把某些形声字的声旁或形旁的字形省去了一部分。这种现象文字学上称为省声、省形。

⊙ 珊、姗

——声旁"册"不能直接表音，而是"删"字的省写。

⊙ 弑

——现在的简化字"杀"，古代写作"殺"，"殺"省去"殳"后成为"弑"字的形旁。

我们所见的形声字经过了不同程度的改造，所以其中的形旁已无法体现完整意义，只能表示这个字所属的意义范畴。又因为古今语音的变化，声旁和形声字的读音大多有了很大差异。

【假借】

又叫"通假"，借用读音相同或相近的字来记录语言中有音有义而无字的词，或代替既有的音同而形义皆不同的另外一个字。前者叫本无其字的假借,后者叫本有其字的假借。

本无其字的假借常见于虚词。

> 语气词和指示代词"夫",是假借了丈夫的"夫"字。
>
> 句末语气词"耳",是假借了耳朵的"耳"字。
>
> 助词和代词"之",是假借了本义为去往的"之"字。
>
> 疑问代词"奚",是假借了本义为奴隶的"奚"字。
>
> 副词"亦",是假借了本义为人的腋下的"亦"字。

本有其字的假借,有些是因同音而写的别字,但得到广泛使用,甚至最后取代了本字。

⊙ 艸—草

——草木已有"艸"字表示。"草"字是以"艸"为形旁、以"早"为声旁的形声字,本义是"草(zào)斗",即栎树的果实。传世古书大都已借"草"为"艸",现在我们把"艸"作为异体并入"草"字。

本有其字的假借也可能是为分散多义字的职务而产生的。

⊙ 何—荷

——"何"字的本义是担负，"荷"字的本义是荷叶。大概因为"何"主要被假借用为疑问代词"何"，就假借"荷"字来表示"何"的本义。

现在说某字是假借字，是把我们熟悉的表示该词的字当作被借字的。比如看到表示担负的"何"，如《诗经·长发》"何天之休"（承蒙上天的庇护），我们会说"何"通假"荷"，因为现代汉语有"负荷"一词。严格说来，这是本末倒置了。又比如我们习惯认为"不亦说乎"的"说"通假"悦"，"亲戚畔之"的"畔"通假"叛"，其实"说"与"悦"、"畔"与"叛"很可能是同源的，无所谓先后。（参见"同源字"）

只有全面掌握古人对某字的使用情况，才可能说明字与字的通假关系。这是专业研究者的工作。我们只需要理解通假的原理，在阅读文言文时，能依靠读音来联想惯用字，以求得对陌生字义的理解，就足够了。

【合音】

一个字的读音由两个字的读音的快读拼合而

成。这个字记录的合音词,是以单音节词的形式表达双音节词或短语的意义。如"甭"是"不用"的合音,"俩"和"仨"分别是"两个""三个"的合音。

文言文中的合音词主要是兼词,即兼有两个词的意义和用法的词,如"盍""诸"等。

⊙ 盍各言尔志?(《论语·公冶长》)

〔译〕为什么不各自说说你们的志向呢?

——"盍"兼有疑问副词"何"和否定副词"不"的意义和用法。

⊙ 投诸渤海之尾。(《愚公移山》)

〔译〕把那些土石扔到渤海的边上。

——这里的"诸"是"之于"的合音,兼有代词"之"和介词"于"的语法功能。"之"作"投"的宾语,"于"与其后的名词性词组"渤海之尾"构成介宾结构,作句子的补语。

⊙ 不识有诸?(《齐桓晋文之事》)

〔译〕不知道有没有这件事呢?

——这里的"诸"是"之乎"的合音,兼有代词"之"和语气词"乎"的语法功能。"之"作"识"的宾语,"乎"表示疑问语气。

二、字与字的关系

教材注释常有"A，同'B'"的说法，表示此处的A字可以替换为B字来理解。我们对B字的音义更为熟悉，代入原文后，整句意思往往豁然开朗。这里的"同"，只是为了解说的方便，并不表示两字在某时期意义和用法重合。具体分析两字的关系，在通假字外，主要有古今字、异体字、同源字三种。还有写法相同而表示的词不同的情况，这里只介绍同形字一种。

【古今字】

通行时代有先后之别，所表示的词义范围或有差异，用来记录同一个词的音同（或音近）而字形各异的一组字。其产生原因是，早期某字兼有多个词义，后世为了书面上意义明确，将某个词义用另借的一个字或另造的新字来承担。原先的字称为古字或本源字，后世习用的字称为今字或分化字、区别字、后起字。

⊙ 学而时习之，不亦说乎。（《论语》）

〔译〕学了知识然后按时温习，不是很愉快吗？

——"说"与"悦"是古今字关系。"说"早有愉悦义，如《诗经·静女》"说怿女美"。"悦"字不见于《说文解字》，出现较晚，一般认为是为了明确"说"的愉悦义而改加了"忄"旁。

⊙ 若火之始然，泉之始达。（《人皆有不忍之心》）

〔译〕就像火刚刚开始燃烧，泉水刚刚开始涌出。

——"然"的本义是"燃烧"，下面的"灬"（huǒ）就是由"火"演变而成。后假借为虚词"然"，使用频率超过了本义。于是在"然"字上添加偏旁作"燃"，表示本义"燃烧"。

⊙ 才美不外见。（《马说》）

〔译〕它的才能和美好的素质也就表现不出来。

——"见"本义为"看见"，引申义有"显露、表现"。"现"字出现较晚，唐代用来表示"现在、眼前"的意思，后来成为"见"字"显露、表现"义的后起字。

【异体字】

单音节词的不同书写形式。它们是古人为同一个词造的几个形体不同的字，原本音义完全相同,可以相互替换。后期在不断使用中,可能各自发展出新的意思。

⊙ 寡人谕矣。(《唐雎不辱使命》)

〔译〕我明白了。

君子喻于义,小人喻于利。(《论语》)

〔译〕君子把道义弄得很清楚,小人把利益弄得很清楚。

——"言"旁和"口"旁是可以相通的,"谕"和"喻"是异体字,在"懂得""告诉""晓喻""譬喻"等意义上,既可作"谕",也可作"喻"。但后来在"上级对下级的命令"的意义上,只写"谕",不写"喻",如"手谕""教谕"等。

⊙ 虽乘奔御风,不以疾也。(《三峡》)

〔译〕即使乘坐马车,驾着疾风,也没有这么快。

——《说文解字》:"御,使马也,从彳从卸。驭,古文御,从马从又。""御""驭"两字为异体。但"御"又可表示"治理"及与君王有关之义。这些意义都不写作"驭"。另外,"御"又是"禦"的简化字,表示"抵御"。这个意义也不写作"驭"。

⊙ 生孩六月,慈父见背。(《陈情表》)

〔译〕生下来六个月刚懂得笑的时候,慈爱的父亲就抛下了我(离世)。

——《说文解字》:"咳(hái),小儿笑也,从口,亥声。孩,古文咳,从子。""咳""孩"两字为异体。后来"孩"由"小儿笑"引申的"孩童"之义,就不能写作"咳"。注意,这里的"咳"与表示咳嗽的"咳"是同形字。"孩"不能表示咳嗽。

【同源字】

同源词的书写形式。原始时候的一个词,后来分化出两个以上的读音,产生细微的意义差别,成为音义皆近、音近义同或义近音同的一组同源词,被记录为同源字。

⊙ **否,非若是也。**(《唐雎不辱使命》)

〔译〕不,不是像(你说的)这样。

尊君在不?(《陈太丘与友期行》)

〔译〕你爸爸在不在家?

——"否""不"两字古音相近,同出一源,都可表示否定。

⊙ **若不阙秦,将焉取之?**(《烛之武退秦师》)

〔译〕如果不削弱秦国,将从哪里取得土地呢?

——"阙""缺"古音相近。宫墙开门洞处为"阙"(què),器物破损处为"缺"。两字意义上有联系,同出一源,有时可以通用。课本注"阙"音 quē,就是通过关联到同源字"缺",来获得"侵损,削减"的含义。

【同形字】

同一个字形记录两个不相关的词。出现这样的情况,是因为不同的人在替不同的词造字的时候"不谋而合"。

⊙ 荆轲嘿而逃去。(《史记·刺客列传》)

〔译〕荆轲默无声息地逃走了。

——这里的"嘿"(mò)是"沉默"的"默"的异体字。现代读 hēi 的"嘿"是叹词,也写作"嗨",是根据"黑"的现代音而新造的形声字,与古代的"嘿"仅仅形同而音义不同。

⊙ 天姥连天向天横。(《梦游天姥吟留别》)

〔译〕天姥山仿佛连接着天遮断了天空。

——这里的"姥"是会意字,指年老的妇女,读 mǔ。但近代又俗称外祖母为"姥姥",是形声字,读 lǎo。

复音词

复音词也叫"多音词",是由两个或两个以上的音节构成的词。古汉语的复音词,可分为单纯复音词和合成复音词两类。两者的区别在于所含语素的多少。语素是语言中最小的音义结合体。对古汉语来说,单音词就是一个语素,书面表现为一个字;但在复音词中,并不一定一个字就是一个语素。

一、单纯复音词

由一个语素构成的复音词,词中的每个字只代表音节,没有意义,两个或多个字合起来,即两个或多个音节合起来才有意义。具体说来有联绵词、叠音词和音译词三种。

【联绵词】

又叫"连绵词""连语",是由两个双声或叠韵关系的音节连缀成的单纯词。

双声联绵词由声母相同或相近的两个音节构成,如"踟蹰""参差""偶俣""仿佛""伶俐""蹊跷""慷慨""犹豫"等。

　　叠韵联绵词由韵母相同或相近的两个音节构成，如"逡巡""逶迤""沧桑""窈窕""峥嵘""朦胧""烂漫""逍遥""殷勤"等。

　　判定双声和叠韵要以古音为依据。由于古今音变，有些在古代具有双声叠韵关系的联绵词现在已不再具有这种音韵关系了。如"蟋蟀"一词现代普通话读成 xī shuài，但在古代这两个字声母都在心母，属双声联绵词。

⊙ 噌吰者，周景王之无射也；窾坎镗鞳者，魏庄子之歌钟也。（《石钟山记》）

　　〔译〕发出噌吰声的，是周景王的无射钟；发出窾坎镗鞳声的，是魏庄子的歌钟。

　　——"噌吰"现最早见于司马相如《长门赋》。"噌"（chēng）与"吰"（hóng）上古音韵部都属蒸部，"噌吰"是叠韵联绵词，表示敲钟的声音。"镗鞳"现最早见于唐代诗歌。"镗"（tāng）与"鞳"（tà）中古音声母都属透母，"镗鞳"是双声联绵词，除表示敲钟声外，古书中还可指击鼓声。"窾坎"现仅仅见于《石钟山记》，根据两字存在双声关系，有人认为"窾坎"（kuǎn kǎn）也是联绵词。

⊙ 雾凇沆砀，天与云与山与水，上下一白。（《湖心亭看雪》）

〔译〕（湖上）弥漫着水汽凝成的冰花，天与云与山与水，浑然一体，白茫茫一片。

——"沆砀"现最早见于《汉书》。"沆"（hàng）与"砀"（dàng）上古音韵部都属阳部，"沆砀"是叠韵联绵词，形容白气弥漫的样子。单独的"沆"指大面积的水，"砀"指有花纹的石头，都与"沆砀"的意思无关。

联绵词的词义与字形无关，字形只是单纯记录音节，所以一个联绵词往往有多种书写形式。比如"徘徊"可写作"俳佪"，"蹒跚"可写作"盘跚"，"彷徨"可写作"徬徨""仿偟""彷皇"，"踌躇"可写作"蹰躇""踌伫"等，"匍匐"可写作"蒲服""蒲伏""扶服"等，"仓猝"可写作"仓卒""苍卒"等。

早期联绵词有拆开用到一句话里的，比如"豫兮若冬涉川，犹兮若畏四邻"（《老子》）。这或许是因为古人对联绵词的熟悉以及修辞的需要。但我们不能把联绵词从字面上拆开来强行臆测、分析，否则难免会闹出望文生义、穿凿附会的笑话来。例如把"望洋兴叹"中的"望洋"解释为"望着海洋"，其实，"望洋"又可写成"望羊""望阳"，形容抬头仰视的样子，根本与"海洋"无关。又如把"跳梁小丑"中的"跳梁"解释为"跳上房梁行窃",这样解释似乎与"小丑"相宜,实则犯了主观臆断的毛病。"跳梁"也是联绵词,又可写成"跳踉",仅有"腾跃跳动"之义,而无"上梁行窃"之义。

【叠音词】

也叫"迭音词",是由同一个音节重叠而构成的单纯词。其主要功能是模拟声音,描绘状貌。

⊙ 辘辘远听,杳不知其所之也。(《阿房宫赋》)

〔译〕向远处倾听车声,车走远了,不知道驶向何方。

——"辘辘"是模拟车轮滚动发出的声音。单独的"辘"字本义是纺车。

⊙ 而山上栖鹘,闻人声亦惊起,磔磔云霄间。(《石钟山记》)

〔译〕同时山上居于巢中的老鹰,听到人声也受惊飞起,在云霄间发出磔磔的叫声。

——"磔磔"(zhé zhé)是模拟栖鹘的鸣叫声。单独的"磔"字本义是裂,可指分裂牲畜肢体以祭祀,或指以车分裂人体的酷刑。

⊙ 而某不量敌之众寡,欲出力助上以抗之,则众

何为而不汹汹然？《答司马谏议书》

〔译〕所以我不去考虑反对者的多少，想出力帮助皇上与之对抗，那么这些人又怎么会不气势汹汹地（来反对）呢？

——"汹汹"形容大吵大闹的气势。单独的"汹"字形容浪花大，水流急。

⊙ 但以刘日薄西山，气息奄奄，人命危浅，朝不虑夕。《陈情表》

〔译〕只是因为祖母刘氏就像太阳下落贴近西山，气息微弱，生命处于危险而不能长久，早上不能想到晚上怎样。

——"奄奄"，气息微弱的样子。单独的"奄"字只有动词"覆盖"义和副词"突然"义。

【音译词】

又叫"外来词"，是以读音相近的字记录外族语言而形成的单纯词。

⊙ 佛印绝类弥勒。《核舟记》

〔译〕佛印的样子很像弥勒佛。

——"弥勒"是梵语 Maitreya 的音译。意译则为"慈氏"，是著名的未来佛。我国的弥勒塑像胸腹袒露，面带笑容。传说五代时布袋和尚是其化身。

⊙ **中绘殿阁,类兰若。**(《促织》)

〔译〕中间画着楼台殿阁,像个寺庙。

——梵语 Āraṇyakaḥ 音译为"阿兰若(rě)",简称"兰若"。意译则为寂静处或空闲处,原为比丘洁身修行之处,后亦用以称一般佛寺。

二、合成复音词

由两个或两个以上语素构成的复音词,简称"合成词",与"单纯词"相对。

古汉语合成词有一个由短语到词的逐步形成的过程,构成合成词的语素在相当长的一段时间内有很大的灵活性,各自仍然可以作为单音词使用,后来才逐渐凝固、定型。在定型过程中,有时会发生意义上的变化,如"春秋"原指季节,凝固定型后泛指时间,进而指代年龄。"利害"原指利益和害处,后来意义偏指一方,只有"害"义,无"利"义。

古汉语合成词有时恰好是现代汉语中常见的双音词,或者就是现代汉语词的前身,但意思上有很大不同。例如"先帝不以臣卑鄙"(《出师表》),这里的"卑鄙"是同义复合词,兼有"卑"(指出身低下)和

"鄙"(指见识浅陋)的意思,一般用于自谦。现代的"卑鄙"是形容词,词义色彩转为贬义,意思是"语言、品行恶劣,不道德",一般用于骂别人。

所以我们理解文言文中的合成词,要有一个拆分意识,既要知道其中语素的含义,又要明白语素间的组合关系。以下分复合式、重叠式和附加式三大类介绍文言合成词的结构规律。

(一) 复合式合成词

内部语素之间是按汉语的基本语法结构关系组合起来的合成词。根据组合方式可分为联合式、偏正式、动宾式和动补式四类。在古汉语中以前两类最为常见。

【联合式复合词】

又叫"并列式复合词",由两个地位平等,意义相同、相近或相对的语素构成的复合词,根据语素之间的语义关系,以及语素与词义之间的关系,可以分为以下三类。

1. 同义复合词。又叫"同义复词",由两个地位平等且意义相同或相近的语素构成的复合词。如"宾客""土石""道路""攘除""裨补""恐惧"等。同义复合词的意义与原有语素的意义大致相同。

⊙ 而山不加增，何苦而不平？（《愚公移山》）

〔译〕但是山不会增高，哪会愁平不了呢？

——"加"与"增"意思一致，都指在原有的基础上增多。

不过，两个同义语素在语义轻重、适用范围、作用情态、感情色彩等方面可能存在着细微差别。结合之后，有些词包含了两个语素的意义范围，如"妻子"指妻子和孩子。

⊙ 寡助之至，亲戚畔之。（《得道多助，失道寡助》）

〔译〕支持帮助他的人少到了极点，连内外亲属也会背叛他。

——"亲"指内亲，即父系亲属；"戚"指外戚，即母系亲属。有人认为两者结合后泛指亲近的人。但这里说的是"寡助之至"这样一个极端情况，此时背叛的"亲戚"应该是原本核心的支持者，也就是有血缘关系的亲属，不同于包括婚姻关系在内的现代汉语词"亲戚"。

⊙ 阡陌交通，鸡犬相闻。（《桃花源记》）

〔译〕田间小路交错相通，鸡鸣狗叫到处可以听到。

——"交"意为交错，"通"意为相通。在现代汉语中"交通"是各种运输事业的总称。

有些同义复合词的意义大于原有语素意义的简单相加。

⊙ 兵革非不坚利也，米粟非不多也。(《得道多助，失道寡助》)

〔译〕武器装备也不是不精良，粮食供给也不是不充足。

——"兵"指兵器，"革"指皮制的甲胄，两者结合后泛指武器装备。"米"指去了皮壳的粮食作物的籽实，"粟"是未去壳的谷子(小米)，两者结合后泛指粮食。

⊙ 舜发于畎亩之中。(《生于忧患，死于安乐》)

〔译〕舜从田野耕作之中被起用。

——"畎"指田间的水沟，"亩"指田垄，两者结合后指整片田地。

2. 反义复合词。由两个地位相等且意义相反的语素构成的复合词。如"巨细""早晚""成败"等。这类复合词的意义一般比较抽象。

⊙ 缘溪行，忘路之远近。(《桃花源记》)

〔译〕他顺着溪水行船，忘记了路途的长度。

——这里不确定渔人所走路程是"远"或"近"，同一段路也不可能既"远"又"近"，所以"远近"是指"距离"这一概念。

⊙ 文理有疏密，沾水则高下不平。(《活板》)

〔译〕木头的纹理有的疏松有的细密，沾了水(活字板)就参差起伏而不平整。

——"高下"不是说高处和低处，而是指参差起伏的整体状态。

3. 偏义复合词。也叫"偏义复词"或"偏义词"，由一对意义不同的语素构成，其中一个语素的意义代表整个词的意义，而另一个语素的意义已经消失。这种情况在语素意义相反时特别明显。

⊙ 所以遣将守关者，备他盗之出入与非常也。(《鸿门宴》)

〔译〕派遣将领把守函谷关的原因，是防备其他盗贼进来和意外的变故。

——"守关"是防止敌人进入，"出"在这里没有意义，"出入"是偏义复合词。

⊙ 陟罚臧否，不宜异同。(《出师表》)

〔译〕在晋升、惩罚、赞赏、批评方面,不应该有差别。

——作者是希望在赏罚上一视同仁,不要因人而异,"同"在这里没有意义,"异同"是偏义复合词。

【偏正式复合词】

两个语素按偏正关系构成的复合词。前一语素为偏,是修饰语;后一语素为正,是中心语。如"百姓""云海""假寐"等。中心词可以是名词,也可以是形容词和动词。

⊙ 率妻子邑人来此绝境。(《桃花源记》)

〔译〕带领妻子儿女到这个与世隔绝的地方。

——名词"境"(地方)为中心词,"绝"(与世隔绝)是限定"境"的类型。

⊙ 若印数十百千本,则极为神速。(《活板》)

〔译〕如果印刷几十乃至成百上千本,就特别快。

——形容词"速"为中心词,"神"是形容"速"的程度。

⊙ 项伯亦拔剑起舞,常以身翼蔽沛公。(《鸿门宴》)

〔译〕项伯也拔剑起舞,时时用身体像张开翅膀般遮挡掩护刘邦。

——动词"蔽"(遮护)为中心词,"翼"(像鸟张开翅膀一般)是形容"蔽"的姿态。

【动宾式复合词】

两个语素按动宾关系构成的复合词。前一个语素表示动作,后一个语素表示被支配的对象。如"执事""伤心""满志"等。这类复合词的意义大都由原有语素的意义发展而来,但有些已不是原有语素意义的简单相加。

⊙ 沛公奉卮酒为寿。(《鸿门宴》)

〔译〕刘邦奉上一杯酒,祝项伯健康长寿。

——"为寿"字面意思是祝寿,这里指向尊长敬酒,以祈祝健康长寿。

⊙ 备他盗之出入与非常也。(《鸿门宴》)

〔译〕防备其他盗贼进来和意外的变故。

——"非常"原义是不同寻常,这里指突如其来的事变。

【动补式复合词】

两个语素按动补关系构成的复合词。前一个

语素表示动作,后一个语素表示动作的结果或状态。如"击破""卷起""裁成""扰乱"等。这类复合词主要是在汉以后逐渐发展起来的,往往在现代汉语中有一样的意思。

⊙ 此所谓战胜于朝廷。(《邹忌讽齐王纳谏》)

〔译〕这就是人们所说的在朝廷上战胜敌国。

——这里的"战胜"固然可以认为是连续的动作,即"战而胜",但"胜"是紧随"战"发生的,不是特意做出的行为,而是顺理成章的结果,所以"战胜"是动补式复合词。

⊙ 激怒其众。(《陈涉世家》)

〔译〕激怒那些士兵。

⊙ 即捕得三两头。(《促织》)

〔译〕即使捉到三两只(促织)。

(二) 重叠式合成词

又叫"复叠式合成词",由同一语素重叠构成,意义与单字意义基本相同而更富描写性。

所叠的词,以量词和可以作为量词的名词居多。重叠以后,便含有"每一"或者"一切"的意义。

⊙ 处处志之。(《桃花源记》)

〔译〕到处都做了记号。

⊙ 数月之后,时时而间进。(《邹忌讽齐王纳谏》)

〔译〕几个月以后,常常有人偶尔进谏。

连叠两个名词是形容其多,含有"连绵不断"的意思。

⊙ 子子孙孙无穷匮也。(《愚公移山》)

〔译〕一代代子孙无穷无尽。

⊙ 蹲石鳞鳞。(《促织》)

〔译〕看见蹲踞着的一块块石头像鱼鳞般连续排列。

形容词和副词的重叠,仅仅是增强语势。

⊙ 淫雨霏霏,连月不开。(《岳阳楼记》)

〔译〕阴雨连绵,接连几个月不放晴。

——"霏霏",纷纷落下的样子。"霏"本义为雨雪很盛的样子,如《诗经·北风》:"雨雪其霏。"

⊙ 其喜洋洋者矣。(《岳阳楼记》)

〔译〕那种快乐多么充分啊。

——"洋洋",形容盛多、充溢。"洋"有广大的意思,如"热情洋溢"。

⊙ 二川溶溶,流入宫墙。(《阿房宫赋》)

〔译〕渭水和樊川浩浩荡荡,流进阿房宫墙。

——"溶溶",水流盛大的样子。《说文解字》:"溶,水盛也。"

动词偶有重叠的,表示动作的反复,或者从事那种行动的决心。

⊙ 行行重行行,与君生别离。(《古诗十九首》)

〔译〕走啊走,一直在不停地走,就这样与你活生生地分离。

注意,在单纯复音词中有叠音词,也是由两个相同音节的字叠合而成,但叠音词的意义与其中单字意义无关,字单纯表音。古人把叠音词和重叠式合成词统称为"重言词""叠字""迭字",与现代分类不同。

(三) 附加式合成词

也叫"附加词""附音词""派生词",即在一个词根语素的前面或者后面加上一个附加语素(词缀)所构成的合成词。词的基本意义落在词根上,而词缀仅起辅助作用,表示一定的语法意义、语法功能或感情色彩。

【词根加词头】

在单音词前加词头,词头又叫"前缀""前缀助词""前加辅助成分""前加虚语(词)素"。词头可以表示某些词的词性。名词词头主要有"阿""有""老"等。

⊙ 非复吴下阿蒙。(《孙权劝学》)

〔译〕不再是吴县那个(没有学识的)阿蒙了。

——"阿"作为前缀起于汉时。初时多用于人名前,后可用于称谓前,如"阿兄""阿爷"。

⊙ 当舜之时,有苗不服,禹将伐之。(《韩非子·五蠹》)

〔译〕在舜统治天下的时候,苗族不归顺,禹准备去征伐它。

——"有"常用在部族名、朝代名、国名前,表示专有名词,是名词前缀。

【词根加词尾】

在单音词后加词尾,词尾又叫"后缀""后缀助词""后加辅助成分""后加虚语(词)素"。

形容词后缀产生较早,主要有"然""如""尔""若""焉""乎"等。

⊙ 复行数十步，豁然开朗。(《桃花源记》)

〔译〕又走了几十步，变得开阔明亮。

——《说文解字》："豁，通谷也。"意思是通畅宽敞的山谷。"豁然"就是借"通谷"形容开阔通达的样子。

⊙ 桑之未落，其叶沃若。(《诗经·氓》)

〔译〕桑树没有落叶的时候，它的叶子润泽光亮。

——《说文解字》："茷(沃)，溉灌也。""沃若"表示像水浸润过一样有光泽。

⊙ 少焉，月出于东山之上，徘徊于斗牛之间。(《前赤壁赋》)

〔译〕一会儿，月亮从东山上升起，在斗宿和牛宿之间移动。

——"少"有稍稍、稍微的意思。

副词后缀如"俄尔""卒然"的"尔""然"等。

⊙ 呼尔而与之，行道之人弗受。(《鱼我所欲也》)

〔译〕轻蔑地呵斥着给别人吃，过路的饥民也不肯接受。

——"呼"有大声喊的意思。"呼尔"形容恶声恶气的样子。

⊙ 子路率尔而对。(《子路、曾晳、冉有、公西华侍坐》)

〔译〕仲子路急忙回答。

——"率"有草率、轻率的意思。"率尔"形容轻率急忙的样子。

动词后缀如"今我来思"(《诗经·采薇》)的"思"等。

名词后缀晚起于汉魏六朝以后,主要有"子""儿""头"等。

词义派生

文言中一个词往往有许多意义,但它们之间多半是联系着的。一般来说,其中有一个是这个词的本来意义,叫作本义;另外一些意义则是由本义衍生发展而来的。如果能掌握词义变化的线索,学会从本义出发来理解各种派生义,就可以把纷纭复杂的词义贯穿起来,使之条理化。

词义派生都是基于联想作用,下面所举几种词义派生方式,只是在联想上有不同的角度和侧重。它们之间也有交叉,比如比喻也可以认为是基于某一特征义素的引申,泛指也可以认为是用特殊借代一般。

【泛指】

又叫"浑言"，指词在特定的语言环境中扩大其通常的意义范围而概指同类的事物。

⊙ 朝服衣冠窥镜。(《邹忌讽齐王纳谏》)

〔译〕有一天早晨，(他)穿戴好衣帽，照着镜子。

——"服"原指穿衣，这里与"衣"和"冠"搭配，泛指加服饰于身。

⊙ 迁客骚人，多会于此。(《岳阳楼记》)

〔译〕被贬的政客和诗人，大多在这里聚会。

——"骚"原指屈原的作品《离骚》，可以作为诗歌的代表，"骚人"可以泛指诗人。

⊙ 三人行，必有我师焉。(《论语》)

〔译〕几个人同行，在其中一定有人可以做我的老师。

⊙ 吾日三省吾身。(《论语》)

〔译〕我每日多次进行自我检查。

——以实数"三"泛指多次。

以上词义派生也可以归入借代，分别属于以

特殊代一般("服")、以专名代通名("骚")和以实数代虚数("三")的情况。

【特指】

又叫"析言"，指词在特定的语言环境中缩小其通常的意义范围而偏指具体的事物。

⊙ 宫妇左右莫不私王。(《邹忌讽齐王纳谏》)

〔译〕王宫中的嫔妃和身边的亲信，没有不偏爱大王您的。

——"宫"本为房屋、居室的通称，如"今为宫室之美为之"(《鱼我所欲也》)。这里特指帝王之宫。

⊙ 车六七百乘。(《陈涉世家》)

〔译〕兵车有六七百辆。

——"车"本指车子，即陆地上有轮子的交通工具。这里特指兵车，包括一套车马及相关战斗人员。

【引申】

词演化出与原义邻近的新的意义。其过程是，一个词的某义项中的若干义素，在发展过程中保留了一部分，又改变了一部分，就引申出一个新的义项。下面以"节"的本义及诸多引申义为例说明。

⊙ 竹工破之,刳去其节,用代陶瓦。(《黄冈竹楼记》)

〔译〕竹工破开它,挖掉竹节,用它们代替陶瓦。

——此处用"节"的本义:竹节,包含"竹""分段处""突出""坚硬"等义素。

⊙ 彼节者有间,而刀刃者无厚。(《庖丁解牛》)

〔译〕那牛的骨节有空隙,而刀刃没什么厚度。

——此处用"节"的引申义:动物的关节、骨节,是将本义中的义素"竹"替换为义素"动物"。

⊙ 寒暑易节,始一反焉。(《愚公移山》)

〔译〕冬夏换季,才能往返一次。

——此处用"节"的引申义:节气、季节,是取本义中的义素"分段处",结合义素"时日"。

⊙ 每闻琴瑟之声,则应节而舞。(《促织》)

〔译〕(蟋蟀)每当听到琴瑟的声音,就应和着音乐节拍跳舞。

——此处用"节"的引申义:节奏,是取本义中的义素"分段处",结合义素"音乐"。

【比喻】

　　由词的比喻用法形成新的意义,经过不断使用而固定成为新的词义。比如"心腹"比喻亲信的人,"股肱"比喻得力助手。

　　⊙ 此悉贞亮死节之臣也。(《出师表》)

　　〔译〕这些都是坚贞忠良,能为保全节操而死的大臣。

　　——竹节凸起于竹子,就像一圈缠捆束带,比喻人的自我约束,即气节、节操。

　　⊙ 吾入关,秋毫不敢有所近。(《鸿门宴》)

　　〔译〕我进入关中,一丁点财物都不敢靠近。

　　——"秋毫"原指秋天鸟兽身上新长出的细毛,后用来比喻最细微的事物。

【借代】

　　不直接说出人或事物的本来名称,而借用与之相关的人或事物的名称来替代。作为修辞方法的借代是临时借用,是为了语言的形象生动而进行的个性化表述。这里谈的是作为词义派生方式的借代,即词的借代用法经过不断模仿而稳定下来,形成了词的派生意义。这个词如此借代使用的最早时刻,我们已难以追索,但可以肯定,现在可见的文言文所使用的该词借代义,已得到巩固而为人所共知,不依赖具体的语言环境。

被替代的叫"本体",用来替代的叫"借体"。根据借体与本体的关系,可以把借代分为以下类型:

1. 以创造者、产地代事物。

⊙ 何以解忧?唯有杜康。(《短歌行》)

〔译〕靠什么来排解忧闷?唯有豪饮美酒。

——相传杜康是酒的创造者,故"杜康"可代指酒,而且是好酒。

2. 以原料代事物。

⊙ 金就砺则利。(《劝学》)

〔译〕金属刀具放到磨刀石上(磨过)就锋利了。

——"金",金属,代指金属制的刀剑之类。

3. 以特征代事物。

⊙ 将军身被坚执锐。(《陈涉世家》)

〔译〕将军您亲自披甲,手拿武器。

——"坚",指代坚固的甲衣;"锐",指代锐利的兵器。

4. 以功用代事物。

⊙ 策扶老以流憩。(《归去来兮辞》)

〔译〕拄着拐杖到处走走歇歇。

——"扶老",扶助老人,代指手杖。

5. 以数量代事物。

⊙ 万钟于我何加焉?(《鱼我所欲也》)

〔译〕优厚的俸禄对我有什么好处呢?

——"钟"是古代量器名。古人俸禄用粟来计算,"万钟"是表示粟的数量的。这里代指高官厚禄。

6. 以职业行为代人物。

⊙ 一屠晚归。(《狼》)

〔译〕一名屠夫晚上回家。

——"屠"本义是宰杀牲畜,借指以宰杀牲畜为职业的人。

7. 以官名代人物。

⊙ 睢园绿竹,气凌彭泽之樽;邺水朱华,光照临川之笔。(《滕王阁序》)

〔译〕像是梁孝王睢园竹林里的聚会,与会者饮酒的豪气超过彭泽令陶渊明;像是陈思王邺城西园荷花池边的酒宴,席上人的文采可以照亮临川内史谢灵运。

——陶渊明归隐前曾任彭泽令,谢灵运最后的职务是临川内史。

8. 以部分代整体。

⊙ 沉鳞竞跃。(《答谢中书书》)

〔译〕潜游在水中的鱼儿争相跃出水面。

——"鳞"代指鱼。

9. 以具体代抽象。

⊙ 无丝竹之乱耳。(《陋室铭》)

〔译〕没有世俗的乐曲扰乱心境。

——"丝"与"竹"是用弦乐器上的重要部件弦和制作管乐器的材料竹,代指弦乐器和管乐器,进而成为中国传统乐器的统称。在这里,则是借代乐器演奏出的音乐,这是借实指虚。

【沿袭】

借用历史名词表示当代事物。这不仅取其古雅,也为继承其精神意蕴。比如唐人用"汉家"指本朝,用"武皇"指唐玄宗,明清人用"长安"指当时的国都北京。

⊙ 滕子京谪守巴陵郡。(《岳阳楼记》)

〔译〕滕子京降职任岳州知州。

——此句有人译为"滕子京降职任巴陵郡太守",认为"守"名词作动词使用。这大致不错。但太守是秦汉时期对郡守的尊称。宋朝废郡称州,州的长官称"知州"。所以范仲淹只是沿用汉朝"守某郡"的说法,不代表当时的职官制度。"巴陵郡"也是沿用古称。巴陵郡始置于南朝宋元嘉十年(439),治所在今湖南岳阳。隋文帝时改设为巴州,后为岳州,宋时已为岳州路。

词类活用

词类是按照词的语法功能(在句子结构中起的作用)分的类。汉语实词可以分出名词、动词、形容词等词类,名词可用作主语、宾语、定语,动词可用作谓语,形容词可用作定语、状语和谓语。某个词属于何种词类,是根据它通常承担的语法功能总结的。但它仍能灵活运用于其他词类常处在的语法位置,其意义也发生了变化。这个意义和用法是临时的,还没有稳定下来而成为该词的引申义,或改变我们对它所属词类的判断,所以被称为"词类活用"。

　　需要说明的是,所谓的某字的词类活用,往往是相对它在现代汉语中的词类而言的。如"弛担持刀",我们熟悉的"弛"是松弛的意思,所以认为"弛"在这里是形容词活用作动词。其实"弛"字以"弓"为形旁,本义是卸下弓弦或解除其拉力,"弛担"是正常用法。所以我们应该把词类活用作为一种由今义联想语境义的方法,关注某字在当前句中的词类和意义,而不必计较其原属何种词类。

一、名词的活用

【名作动】

　　名词出现在谓语的位置,用如一般动词。动作行为往往有相关的事物,古人习惯以事物的名称表示某种行为,这是名作动在文言文中大量存在的根本原因。

　⊙ 一狼洞其中。(《狼》)

　　〔译〕一只狼正在柴草堆里打洞。

　　——原属名词的"洞"处在主语"狼"后作谓

语,是活用作动词,意思是打洞、挖洞。事物洞是行为打洞的目的。

⊙ **饭**疏食,饮水。(《论语》)

〔译〕吃粗粮,喝冷水。

——"饭"在名词"疏食"前,又与动词"饮"相应,只能理解为动词"吃"。事物饭是行为吃的主要对象。

除了语法结构,句意也是判断某词词类活用的重要依据。

⊙ 屠大**窘**,恐前后受其**敌**。(《狼》)

〔译〕屠户很窘迫,恐怕前后一起受到狼的攻击。

——"其"可以是物主代词,"其敌"为偏正结构,"敌"就是名词敌人;"其"也可以是人称代词,"其敌"为主谓结构,"敌"就是动词攻击。根据上下文,只能取后一种理解。

根据谓语前后经常出现的语法成分,可以确认名词活用作一般动词。

1. 名词后有代词或其他名词,又别无动词时,这个名词用如动词,与其后成分构成动宾结构。

⊙ **策**之不以其道。(《马说》)

〔译〕鞭打它,不按那种(对待千里马)的方法。

——"策",本指马鞭,为名词,这里用如动词,指鞭打、驱使。

⊙ 以事秦之心礼天下之奇才。(《六国论》)

〔译〕用侍奉秦国的心意礼遇天下的奇才。

——"礼"是名词,这里用如动词,意思是"以礼接待"或"礼遇"。

2. 名词前有副词作为状语,又别无动词时,这个名词用如动词。

⊙ 中通外直,不蔓不枝。(《爱莲说》)

〔译〕(它的茎)内空外直,不横生藤蔓,不旁生枝茎。

——"蔓"本指具有攀缘茎或缠绕茎的植物枝茎,"枝"本指植物主干上分出的茎条。两字出现在副词"不"后,用为动词,分别指长出藤蔓、长出枝茎。

⊙ 用讫再火令药熔。(《活板》)

〔译〕使用完毕,再用火烤使药物熔化。

——"火"出现在副词"再"后,名词用如动词,指用火烤。

3. 名词后有介宾结构作为补语,又别无动词时,这个名词用如动词。

⊙ 土于盆而养之。(《促织》)

〔译〕在盆里垫上土把它养起来。

——"土"后有介宾结构"于盆",名词用如动词,指垫上土。

要注意,介宾结构中的介词有时会省略,出现名词与名词相连的情况。

⊙ 沛公军霸上。(《鸿门宴》)

〔译〕沛公驻扎在霸上。

——"军霸上"是"军于霸上"的省略。"军"是名词用如动词,指驻扎。

4. 同一名词叠用,前一个常用如动词,与后一个构成动宾关系。

⊙ 使使如秦受地。(《屈原列传》)

〔译〕派使臣到秦国去接受土地。

——"使"本指使者。这里两个"使"连用,前一个如动词,指派遣。

⊙ 今日当一切不事事,守前所为而已。(《答司马谏议书》)

〔译〕现在应该不做任何事,守着以前做的事就行了。

——两个"事"连用，前一个事用如动词，当"做"讲。

5. 名词前有能愿动词，又别无动词时，这个名词用如动词。能愿动词，又叫"助动词"，指表示可能、意愿、必要等意义的动词。如"可""能""克""宜""须""敢""肯""欲"等。

⊙ 假舟楫者，非能水也，而绝江河。（《劝学》）

〔译〕凭借船只（渡河）的人，并不是会游泳，却横渡了江河。

——"水"在能愿动词"能"后，是名词活用作动词，指游泳。

⊙ 狼不敢前。（《狼》）

〔译〕狼不敢前进。

——"前"在能愿动词"敢"后，是方位名词活用作动词，意思是上前。

6. 名词前有"所"字，这个名词用如动词。因为"所"字常用于动词之前，与之组成"所字结构"。

⊙ 足之所履。（《庖丁解牛》）

〔译〕脚踩到的地方。

——"履"本义是鞋，这里用如动词，相当于"踩"。

⊙ 置人所罾鱼腹中。(《陈涉世家》)

〔译〕放在别人捕来的鱼的肚子里。

——"罾"本义是渔网,这里用如动词,相当于"捕"。

【名作状】

名词出现在动词前,就是充当了状语,也就是词类活用为副词。从表达的意义来说,主要有以下几种情况:

1. 用比喻的方法来形象地描述动作行为的特征、状态,可译作"像……一样"。

⊙ 其一犬坐于前。(《狼》)

〔译〕其中一只狼像狗一样坐在(屠户)前面。

2. 表示对待人的态度,可译作"像对待……一样地"。

⊙ 吾得兄事之。(《鸿门宴》)

〔译〕我应该像对待兄长一样对待他。

3. 表示动作行为凭借的条件,如使用的工具、发生的情境、依据的形势或道理等。这种名词是介宾结构省略了介词,翻译时要补足介词"用""从""在""按照"等。

⊙ 箕畚运于渤海之尾。(《愚公移山》)

〔译〕用箕畚运到渤海的边上。

⊙ 沛公已去,间至军中。(《鸿门宴》)

〔译〕沛公已经离开,从小路回到军中了。

——"间"本义是门缝,引申为偏僻的小路。

这里作状语修饰"至"。

⊙ 群臣吏民能面刺寡人之过者,受上赏。(《邹

忌讽齐王纳谏》)

〔译〕群臣官民有能当面指责我的过错的,受

到上等赏赐。

⊙ 失期,法皆斩。(《陈涉世家》)

〔译〕误了期限,按秦王朝的军法,就要杀头。

4. 方位名词直接用在动词之前作状语,表示动

作行为的方位或方向,翻译时补出介词"在""向"。

⊙ 西并巴蜀,北收上郡,南取汉中。(《谏逐

客书》)

〔译〕向西兼并了巴、蜀两国,向北收取了上

郡,向南攻取了汉中。

——向西面,向北面,向南面。

5. 时间名词用作状语,形容动作的频度。

"岁""月""日"放在动词前面,有"每年""每月"

"每日"之意。表示动作频繁和经常。

⊙ 良庖岁更刀,割也;族庖月更刀,折也。(《庖
丁解牛》)

〔译〕好的厨师每年更换一把刀,是因为用刀
割(筋肉);普通厨师每月就得更换一把刀,是
因为用刀砍(骨头)。

⊙ 日削月割。(《六国论》)

〔译〕每天削(土地)每月割(土地)。

"日"放在动词或形容词前面,表示情况逐渐
发展,可译作"一天天地"。

⊙ 独夫之心,日益骄固。(《阿房宫赋》)

〔译〕暴虐无道、众叛亲离的统治者(秦始皇)
的心,一天天地更加骄横顽固。

⊙ 其后楚日以削,数十年竟为秦所灭。(《屈原
列传》)

〔译〕在这以后,楚国一天天地削弱,几十年
后,终于被秦国灭掉。

——"以"是表示修饰关系的连词。

二、形容词的活用

形容词原本就可以直接用作谓语,与动词不同之处是不能带宾语。当形容词后有宾语时,那就是意动用法,我们放在"活用为特殊动词"中讲。这里只讲形容词活用作名词的情况。

【形作名】

动词后只有形容词,别无名词作宾语时,这个形容词用如名词。

⊙ 温<u>故</u>而知<u>新</u>。(《论语》)

〔译〕温习学过的知识,可以获得新的知识。

⊙ 非<u>宁静</u>无以致<u>远</u>。(《诫子书》)

〔译〕不排除外来干扰无法达到远大目标。

形容词处于介词后构成介宾结构,也用如名词。

⊙ 以<u>小</u>易<u>大</u>,彼恶知之?(《齐桓晋文之事》)

〔译〕拿小的(羊)去掉换大的(牛),他们怎么知道你的想法呢?

——"小"在介词"以"后,组合成介宾结构。

"大"在动词"易"后,组合成动宾结构。

三、动词的活用

【动作名】

动词后又有动词,又别无名词作宾语时,后一个动词就用如名词。

⊙ 夫大国,难测也,惧有伏焉。(《曹刿论战》)

〔译〕大国是难以猜测的,怕他们在那里有伏兵。

⊙ 汝亦知射乎?(《卖油翁》)

〔译〕你也懂得射箭的事吗?

动词前有定语,又别无名词作中心词时,这个动词就用如名词。

⊙ 一箪食,一瓢饮。(《论语》)

〔译〕一碗饭,一瓢水。

——"饮"前有数量短语"一瓢"作限定,"饮"用如名词,指喝的东西。

⊙ 屈平疾王听之不聪也。(《屈原列传》)

〔译〕屈原痛心楚怀王的听觉不敏锐。

——"听"前有"王"作限定,"听"指听觉,比喻接收信息这件事。

【动作状】

动词后又有动词,前者修饰后者,前一个动词就用作状语,翻译时往往在其后加上"着"字。

⊙ 争割地而赂秦。(《过秦论》)

〔译〕争着割地去贿赂秦国。

⊙ 邻人京城氏之孀妻有遗男,始龀,跳往助之。(《愚公移山》)

〔译〕邻居京城氏的寡妇有个男孩,刚刚换牙的年纪,蹦蹦跳跳地去帮助他。

四、数词的活用

【数作动】

数词处在谓语的位置,就是用如动词。

⊙ 六王毕,四海一。(《阿房宫赋》)

〔译〕六国灭亡,四海统一。

⊙ 朝晖夕阴,气象万千。(《岳阳楼记》)

〔译〕早晨晴朗,傍晚昏暗,气象千变万化。

【数作名】

数词之后本该有的名词承前省略,等于把数词当作名词了。

⊙ 帝感其诚,命夸娥氏二子负二山,一厝朔东,一厝雍南。(《愚公移山》)

〔译〕天帝被愚公的诚心感动,命令大力神夸娥氏的两个儿子背走了那两座山,一座山放在朔东,一座山放在雍南。

——"山"在上文已经提及,"一"就可以直接表示"一座山"。

⊙ 赵尝五战于秦,二败而三胜。(《六国论》)

〔译〕赵国曾经跟秦国打了五次仗,两次仗失败,三次仗取胜。

——"战"在上文已经提及,"二""三"就可以直接表示"两次仗""三次仗"。

五、活用为特殊动词

【使动用法】

用动宾结构来表达使令式的内容,表达主语"使"宾语"怎么样"。充当谓语中心语的使动词所代表的动作行为不是主语发出的,而是由宾语发出的。使动词主要由动词承担,也可以由名词、形容词转化。

1. 被活用为"使动"的动词,多数是不及物动词。不及物动词本来不带宾语,用于使动用法后,后面就带有了宾语。

⊙ 广故数言欲亡,忿恚尉。(《陈涉世家》)

〔译〕吴广故意多次说想要逃跑,使将尉恼怒。

⊙ 项伯杀人,臣活之。(《鸿门宴》)

〔译〕项伯杀了人,我使他活了下来。

2. 名词的使动用法,表示使宾语成为名词代表的事物。

⊙ 先破秦入咸阳者王之。(《鸿门宴》)

〔译〕先攻破秦军进入咸阳的人,就让他称王。

⊙ 齐威王欲将孙膑。(《史记·孙子吴起列传》)

〔译〕齐威王打算让孙膑任主将。

3. 形容词的使动用法,表示使宾语产生这个形容词代表的性质或状态。

⊙ 诸侯恐惧,会盟而谋弱秦。(《过秦论》)

〔译〕诸侯很害怕,结为同盟想使秦国削弱。

⊙ 四面竹树环合,寂寥无人,凄神寒骨。(《小石

潭记》)

〔译〕四面被竹子和树木围绕着，寂静寥落，空无一人，让心神凄凉，令骨生寒意。

【意动用法】

用动宾结构来表达主观上的认识或者态度，表达主语"把"宾语看成"什么"或"怎么样"。意动词多由名词或形容词活用而来，表示的行为发生在意识层面，而不是现实层面。

1. 名词的意动用法表示主语把宾语当作该名词代表的事物来对待。

⊙ 故人不独亲其亲，不独子其子。

〔译〕所以人们不只是把自己的双亲当作双亲，不只是把自己的子女当作子女。

——两句中后一个"亲"和"子"有限定词"其"，只能是名词，意为亲人和子女。前一个"亲"和"子"因为出现在名词短语前，肯定是活用作了动词，但又不能当作一般动词"亲近""生子"来理解。这里的"亲"的意思是"以……为亲"，"子"的意思是"以……为子"，就是把某人当作自己的双亲、子女来对待，或者说像对待自己的双亲、子女一样对待某人。

2. 形容词的意动用法,表示主语觉得宾语拥有该形容词代表的性质。

⊙ 渔人甚异之。(《桃花源记》)

〔译〕渔人觉得眼前的景色十分奇异。

⊙ 孔子登东山而小鲁,登泰山而小天下。(《孟子·尽心上》)

〔译〕孔子登上东山就觉得鲁国小,登上泰山就觉得天下小。

⊙ 吾妻之美我者,私我也。(《邹忌讽齐王纳谏》)

〔译〕我的妻子认为我漂亮的原因,是偏爱我啊。

【为动用法】

用动宾结构来表达主语"为了(替)"宾语而施行某种动作。翻译时除了要将宾语(名词或代词)调到动词前,还需要在宾语前加上"为"或其他介词,表明动词与宾语的关系。

1. 加介词"为""为了",说明行为的目的。

⊙ 今亡亦死,举大计亦死,等死,死国可乎?(《陈涉世家》)

〔译〕如今逃跑(抓了回来)也是死,起来造反也是死,同样都是死,为国家而死可以吗?

——"死国"并非"亡国"或"死了国家",也不是认为国家亡了(意动)或把国家灭亡(使动),而是说为国事而死。

2. 加介词"替""给",说明行为所服务的对象。

⊙ 邴夏御齐侯。(《左传·成公二年》)

〔译〕邴夏给齐侯驾车。

3. 加介词"因为",说明行为发生的原因。

⊙ 天下苦秦久矣。(《陈涉世家》)

〔译〕天下的百姓因为秦国而感到痛苦已经很长时间了。

或者加介词"被"。

⊙ 帝感其诚。(《愚公移山》)

〔译〕上帝被他们的诚心感动了。

这类为动用法也可以加介词"于"来理解,因此也有人把它当成省略介词处理。

4. 加介词"向""对",说明动作所涉及的对象。

⊙ 秦王色挠,长跪而谢之。(《唐雎不辱使命》)

〔译〕秦王神色沮丧,直身而跪向唐雎道歉。

句　法

单　句

单句是由词或短语构成的句子,表达一个相对完整的意义,具有一定的语调和语气。在三千多年前的甲骨文中,"主—谓—宾"就已经是基本句式。词在句子中充当什么成分,主要靠特定的语序和虚词来表示。

一、陈述句

陈述句是表示陈述语气的句子。古汉语中常用"夫""矣""也""耳"等语气词表示陈述。根据谓语性质的不同,可以对陈述句进行分类。

为便于理解,本章对例句中的主要成分用下划线和括号进行标注(主语谓语 宾语 [状语]〈补语〉兼语)。

(一) 名词谓语句(判断句)

判断句是对主语代表的客观事物做出解释判断的句子。现代汉语中,有判断词"是"在句中起判断作用。文言文中的判断句一般没有判断词,而借助特定的格式来表示(如"……者,……也"之类)。所以文言判断句的谓语或谓语中心语一般要由名词或名词性短语充当。也有代词作谓语的,如"天下物皆然"(《黄生借书说》)。

汉代以后,有判断词的判断句偶见于典籍,魏晋以后逐渐增多。这些有判断词的判断句,本来应当归属于动词谓语句。为介绍判断句的方便,我们将之作为"加判断词式"列在这里。

除了判断主语性质,判断句的结构模式还可用于解释原因和比喻修辞,我们分别在"复句"一节中的"因果复句"和"修辞"一节中的"暗喻"进行介绍。

【"也"结尾式】

最普通的判断句形式,是在主语后面停顿一下,再说出名词谓语部分(即判断语),最后用句尾语气词"也"("耳""者也")来加强判断语气。

⊙ **项脊轩**,旧**南阁子也**。(《项脊轩志》)

　〔译〕项脊轩是过去的南阁子。

⊙ **道之所存**,**师之所存也**。(《师说》)

　〔译〕道存在的地方,就是老师在的地方。

　——"所"字结构使动词"存"名词化。

⊙ **当其南北分者**,**古长城也**。(《登泰山记》)

　〔译〕在那南北分界处的建筑,是古代的长城。

　——"者"字结构使"当其南北分"名词化。

⊙ 然陈涉**瓮牖绳枢之子**,**甿隶之人**,**而迁徙之徒**

　也。(《过秦论》)

　〔译〕可是陈涉是个破瓮做窗户、草绳做门轴

　的贫家子弟,是农夫、奴隶一类的下层百姓,

　后来成了谪罚到边地的人。

　由于主谓均是名词,容易被误解为修饰限定

关系,所以朗读时要在主谓间作停顿,强调其主谓

关系。标点时则往往再加逗号表示停顿。

　判断句主语也可以由"是""斯"等代词充当。

(详见"特殊句式"中的"复指句")

　在对话中,回答句是判断句时,往往省略主

语,因主语在问句中已经提及。

⊙ **项王按剑而跽曰**:"**客何为者**?"张良曰:"沛公

之参乘樊哙者也。"

〔译〕项王按着剑,跪直身子问:"来客是干什么的?"张良说:"(他)是沛公的参乘樊哙。"

【"者"停顿式】

文言文原本是没有标点的,所以为了强调主谓间的停顿,往往在主语后加上"者"字,谓语后再用"也"字煞尾,形成"……者,……也"的结构。

⊙ 楚左尹项伯者,项羽季父也。(《鸿门宴》)

〔译〕楚国的左尹项伯,是项羽的叔父。

⊙ 师者,所以传道受业解惑也。(《师说》)

〔译〕老师,是用来传授道理、教授学业、解释疑难问题的人。

需要注意的是,"……者,……也"结构中的"者"是表示停顿的语气词,而不是"者"字结构中使动词、形容词等名词化的结构助词。下面三句的"者"都属于后者,应该归入前面的"'也'结尾式":

⊙ 臣之所好者,道也。(《庖丁解牛》)

〔译〕我所喜好的是自然规律。

⊙ 此三者,吾遗恨也。(《伶官传序》)

〔译〕这三件事,是我死后的余恨。

⊙ 噌吰者，周景王之无射也。(《石钟山记》)

〔译〕发出噌吰声音的东西，是周景王的无射钟。

【"也"停顿式】

主谓间的停顿用"也"表示，句末另有加强判断语气的"也"。

⊙ 野马也，尘埃也，生物之以息相吹也。(《北冥有鱼》)

〔译〕山野中的雾气，空气中的尘埃，都是生物用气息吹拂的结果。

——主语有两个名词："野马"和"尘埃"。谓语是用"之"取独构成的名词性短语。

⊙ 鹏之徙于南冥也，水击三千里，抟扶摇而上者九万里，去以六月息者也。(《北冥有鱼》)

〔译〕鹏迁徙去往南冥，是将水激起三千里、顺着旋风转动向上九万里、凭借着六月的大风飞走的。

——"鹏之徙于南冥"是用"之"取独构成的名词性主语。本句谓语较复杂，看似是三个分句，其实是由三项动词词组与"者"构成的"者"字结构，形容了大鹏鸟起飞时需要的三

项准备工作:拍打水面,乘旋风而上和凭借六
月的大风。

【加状语式】

在充当谓语的名词或名词短语前面附加上状
语的判断句。因为名词或名词短语前面通常是以
定语作为附加成分,如果名词前出现了状语,就坐
实了该名词是谓语。

肯定判断常用副词"本""乃""必""诚""则"
"皆""悉""即""亦""唯""素"等作状语。这种句子
在今译时都得在状语后面补出判断词"是"。

⊙ 臣[本]布衣。(《出师表》)

〔译〕我本是平民百姓。

⊙ 当立者[乃]公子扶苏。(《陈涉世家》)

〔译〕该即位的是长子扶苏。

⊙ 夺项王天下者,[必]沛公也。(《鸿门宴》)

〔译〕夺取项王天下的人,一定是沛公。

⊙ 此[诚]危急存亡之秋也。(《出师表》)

〔译〕这确实是国家危急存亡的关键时刻。

⊙ 此[则]岳阳楼之大观也。(《岳阳楼记》)

〔译〕这就是岳阳楼盛大壮观的景象。

⊙ 夫六国与秦[皆]诸侯。(《六国论》)

〔译〕六国和秦国都是诸侯国。

否定判断一般用否定副词"非"作状语。

⊙ <u>此</u><u>庸夫之怒</u>也，[非]<u>士之怒</u>也。（《唐雎不辱使命》）

〔译〕这是平庸无能的人发怒的情况，不是有才能有胆识的人发怒的情况。

⊙ <u>彼童子之师</u>，<u>授之书而习其句读者</u>，[非]<u>吾所谓传其道解其惑者</u>也。（《师说》）

〔译〕那些孩子的老师，是教授孩子书里文字并让他们熟悉其中断句的人，不是我说的传授道理、解释疑难问题的人。

【加判断词式】

用判断词"为""是"等表示判断。判断词起判断作用，又有联系主语和宾语的作用，所以又叫系词。

"为"是肯定性的判断词，略等于现代语的"是"。

⊙ [今]<u>人</u>为<u>刀俎</u>，<u>我</u>为<u>鱼肉</u>。（《鸿门宴》）

〔译〕现在人家是刀和砧板，我们是鱼和肉。

⊙ [已后]<u>典籍</u>皆为<u>板本</u>。（《活板》）

〔译〕从此以后书籍都是板印的本子。

古汉语"是"原为指示代词,其判断词用法萌芽于先秦,成熟于汉魏。

⊙ 今是何世。(《桃花源记》)

〔译〕现在是什么朝代。

⊙ [实]是欲界之仙都。(《答谢中书书》)

〔译〕(这里)实在是人间的仙境。

但是,就通常情况说,古汉语是不用判断词"是"字的。当句中有"是"的时候,要特别考虑不是判断词,而是"这"的意思。(详见"特殊句式"中的"复指句")

【无标志式】

直接连接名词性主语和名词性谓语,主语后面的语气词"者"和谓语后面的语气词"也"都不用。这种形式比较少见。

⊙ [今]臣亡国贱俘。(《陈情表》)

〔译〕现在我是来自已灭亡国家的卑贱俘虏。

⊙ 勃三尺微命,一介书生。(《滕王阁序》)

〔译〕我王勃是身为低级官吏的卑微的人,是一个小小的书生。

(二) 动词谓语句(叙述句)

叙述句,指叙述动作行为或事件的句子。谓语主要由动词或动词短语充当。有时名词或名词短语、形容词或形容词短语也可作为叙述句的谓语,这实际上是名词、形容词用如动词所致。(详见"名作动""形作动")

下面以谓语动词为观察中心,介绍叙述句的模式。

【单动式】

用没有附加成分的单一动词充当谓语。这种句式结构比较简单,没有更多的层次。

⊙ **肉食者鄙**。(《曹刿论战》)

〔译〕有权势的人见识短浅。

⊙ **前者呼,后者应**。(《醉翁亭记》)

〔译〕前面的人呼唤,后面的人回应。

⊙ **死期至矣!**(《促织》)

〔译〕死的时候到了!

【状动式】

谓语动词前附加状语。

⊙ 商旅[不]行。(《岳阳楼记》)

　〔译〕商人旅客不能走了。

⊙ 东方[既]白。(《赤壁赋》)

　〔译〕东方已经亮了。

⊙ [由是]感激。(《出师表》)

　〔译〕(我)因此感奋激动。

　　——介宾结构"由是"作状语。

⊙ [毋从俱]死也。(《鸿门宴》)

　〔译〕(你)不要跟着(他)一起死。

　　——省略宾语的介宾结构作状语。

⊙ 其岸势[犬牙]差互。(《小石潭记》)

　〔译〕两岸的形状像狗的牙齿似的互相交
错着。

　　——"犬牙"是名词活用作状语。

状语和动词间有时加上表修饰的"而""以"。

⊙ 佣者[笑]而应。(《陈涉世家》)

　〔译〕一起佣耕的人笑着回答他。

⊙ 樊哙[侧其盾]以撞。(《鸿门宴》)

　〔译〕樊哙侧举着他的盾牌撞击。

【动宾式】

谓语动词后带宾语。

⊙ 单于**壮**其节。(《苏武传》)

〔译〕单于钦佩苏武的气节。

"壮"是意动用法,直译为"以……为豪壮",意译为"钦佩"。

⊙ 秦孝公**据**崤函之固。(《过秦论》)

〔译〕秦孝公占据着崤山和函谷关这样险固的关隘。

⊙ **度**已失期。(《陈涉世家》)

〔译〕估计已经误了期限。

⊙ 吾**闻**二世少子也,不当立。(《陈涉世家》)

〔译〕我听说二世是(秦始皇的)小儿子,不该立为国君。

【动双宾式】

谓语动词带上双宾语。双宾语指动词所关联到的人和事物两个方面的宾语。

动词"赐""谓""予""遗""告""教""问"等,一般应有两个宾语。一个表示"赐""告"的内容,是指事物的宾语;一个表示"赐""告"的对象,是指人物的宾语。指物的宾语直接承受动作,又称"直接宾语"(以下例句加下划波浪线~标示);指人的宾语间接接受动作的影响,亦称"间接宾语"(以下例句加下划虚线···标示)。一般间接宾语在前,靠近动词,称为"近宾语";直接宾语在后,远离动词,称为"远宾语"。

　⊙ 赐之卮酒。(《鸿门宴》)

　　〔译〕赏给他一杯酒。

　⊙ [尝]贻余核舟一。(《核舟记》)

　　〔译〕他曾经送给我一只桃核雕的船。

　⊙ [古]谓之天门溪水。(《登泰山记》)

　　〔译〕古时候(人们)叫它天门溪水。

　　也有直接宾语居前,间接宾语居后的情况。

　⊙ 又献玉斗范增。(《鸿门宴》)

　　〔译〕又献给范增玉斗。

　　指事物的宾语,可用"以"字提前,正如在现代汉语中可用"把"字提前一样。但这样就是"以"构成的介宾结构修饰谓语,属于前面的"状动式"了。

　⊙ [具以沛公言]报项王。(《鸿门宴》)

　　〔译〕都把沛公的话报告给项王。

　　文言文有省略双宾语中某一宾语的情况,详见"省略句"。

【状动宾式】

状动式结构后面附加上的宾语。

- 世人［甚］爱牡丹。(《爱莲说》)
  〔译〕世上的人非常喜爱牡丹。

- 范增［数］目项王。(《鸿门宴》)
  〔译〕范增屡次对项羽使眼色。

- 百姓［多］闻其贤。(《陈涉世家》)
  〔译〕老百姓大多听说他很贤明。

- 于是秦人［拱手］而取西河之外。(《过秦论》)
  〔译〕于是秦国人轻而易举地夺取了黄河以西的地方。

【动补式】

动词谓语后有补语。补语可以是形容词、表示时段的词语、介宾结构或谓语结构。翻译时可在谓语与补语间加"了""得"等。

- 怅恨〈久之〉。(《陈涉世家》)
  〔译〕怅然叹息了好长时间。

- 士别〈三日〉。(《孙权劝学》)

〔译〕读书人分别了几天。

⊙ 字平〈如砥〉。(《活板》)

〔译〕活字板平坦得像磨刀石一样。

⊙ 忧闷〈欲死〉。(《促织》)

〔译〕忧愁烦闷得想要去死。

有些由介宾结构充当补语的句子,在翻译时需要将补语调到动词前面成为状语。

⊙ 仓鹰击〈于殿上〉。(《唐雎不辱使命》)

〔译〕苍鹰在宫殿上搏击。

上句直接翻译的话,应该是:苍鹰搏击在宫殿上。这显然不是现代汉语常见的说法。与现代汉语的习惯相比,"于殿上"就是后置了。所以这种句子又被称为介宾结构后置句,我们在"倒装句"中的"状中倒装"里还有介绍。

【连动式】

由两个或两个以上相连的动词或动词短语充当谓语。这些相连的动词或动词短语,是对句子主语的相关联陈述,在句子里处于同等重要的语法地位。它们当中的任何一个,都直接同句子的主语有着陈述和被陈述的关系,都可以相对地独立成句。

连动句中前后的动词或动词短语,在时间上一般有先后关系,也可以是同时的,在意义上往往有各种各样的密切关系。它们总的意思才是对句子主语的完整陈述。

⊙ 项庄**拔**剑**起舞**。(《鸿门宴》)

〔译〕项庄拔出剑开始跳舞。

⊙ 屠乃**奔倚**〈其下〉,**弛担持**刀。(《狼》)

〔译〕屠户于是奔跑过去倚靠在柴草堆下面,放下担子拿起屠刀。

连动句中前后相连接的动词或动词短语之间,一般没有连词,有的也用"而""以"等表承接或目的的连词。

⊙ 广**起**夺**而杀**尉。(《陈涉世家》)

〔译〕吴广一跃而起,夺过剑来杀死了军官。

⊙ **居**之**以为利**。(《促织》)

〔译〕留着它来牟取暴利。

【并列式】

两个或多个谓语动词并列。它和连动式有一点相同:动作由同一主体发出,主语不变。但有一点大不相同:并列者之间的关系是平等的,无主从,亦少先后之别。

⊙ 便<u>要还家</u>,<u>设酒杀鸡作食</u>。(《桃花源记》)

〔译〕(村里有人)就邀请他到自己家里去(做客),摆出酒,杀鸡做饭来款待他。

——"设酒""杀鸡""作食"是同一性质而相互区别的三件事情,可分别、同时进行。现在的顺序是缘于习惯,而不是缘于情理逻辑。

⊙ 遂率子孙荷担者三夫,<u>叩石垦壤</u>,[箕畚]运〈于渤海之尾〉。(《愚公移山》)

〔译〕于是愚公率领儿孙中能挑担子的三个人(上了山),敲石头,挖土,用箕畚装土石,运到渤海边上。

——"叩石"和"垦壤"是并列的挖山行为,但与"箕畚运于渤海之尾"有先后之分。

【兼语式】

兼语一般由名词、代词或名词短语充当,用在两个动词间,既作为前一动词的宾语,又作为后一动词的主语,也就是说,它兼有不同动作的受事者与施事者两重身份。动词谓语中加入兼语,也就是用一个动宾短语套接一个主谓短语。以下例句中的兼语用下划线〓标示。

动宾短语的动词,往往是使令性或教示性的动词,如"使""令""命""教""劝""遣"等。

⊙ 单于使卫律治其事。(《苏武传》)

〔译〕单于派卫律审理这个案件。

⊙ 今者有小人之言,令将军[与臣]有郤。(《鸿门宴》)

〔译〕现在有小人的谗言,使将军和我有了嫌隙。

⊙ 命夸娥氏二子负二山。(《愚公移山》)

〔译〕命令大力神夸娥氏的两个儿子背走了那两座山。

⊙ 此教我先威众耳。(《陈涉世家》)

〔译〕这话是教我们先在群众中树立威信啊!

——整句是以"此"为主语的判断句,"教我先威众"为兼语式结构。

也可以是其他动词。

⊙ 拜臣郎中。(《陈情表》)

〔译〕任命我为郎中。

⊙ 大风扬积雪击面。(《登泰山记》)

〔译〕大风扬起积雪扑打在脸上。

兼语式中,后一个动词表示的动作是由兼语发出的,前一个动词另有主语,这是和连动式不同之处。

文言文会有省略兼语的情况,详见"省略句"中的"兼语省略"。

【能愿式】

能愿动词,也叫"助动词",用在动词、形容词前面表示客观的可能性、必要性和人的主观意愿,如"能""愿""可""敢""难"等。

⊙ 未能远谋。(《曹刿论战》)

〔译〕不能够深谋远虑。

⊙ 师道之不复,可知矣!(《师说》)

〔译〕尊师学习的风尚不能恢复,(由此)可以明白了!

【前状式】

具有位于主语前面、作用于全句的"前位全句状语"。前位全句状语多半是说明全句的时间的,也有说明全句的空间的。

⊙ [今]天下三分。(《出师表》)

〔译〕现在天下分为三块势力。

⊙ [他日]汝当用之！(《项脊轩志》)

〔译〕将来你会用到它！

⊙ [自此]，冀之南，汉之阴，无陇断焉。(《愚公移山》)

〔译〕从此以后，冀州的南部直到汉水南岸，再也没有山冈阻隔了。

(三) 形容词谓语句(描写句)

描写句是用来描写人或事物的性质、状态的，以形容词或形容词短语作谓语。

【单形式】

由单一形容词充当谓语，语法结构比较简单。

⊙ 薄暮冥冥。(《岳阳楼记》)

〔译〕傍晚天色昏暗。

⊙ 土地平旷，屋舍俨然。(《桃花源记》)

〔译〕土地平坦广阔，房屋整整齐齐。

⊙ 其文约，其辞微，其志洁，其行廉。(《屈原列传》)

〔译〕他的文笔简练，他的言辞含蓄，他的志趣高洁，他的行为清廉。

⊙ 师道之不传也,久矣! 欲人之无惑也,难矣!
(《师说》)

〔译〕从师求学的风尚不流传,已经很久了!
想要人们没有疑惑,(就很)难了!

——这句形式上接近判断句,但"久"和"难"
现在视为形容词。对古人来说,可能与判断
句没有区别。

【状形式】

形容词谓语前附加了状语。

⊙ 水[尤]清冽(《小石潭记》)

〔译〕潭水格外清凉。

⊙ 君王为人[不]忍。(《鸿门宴》)

〔译〕项王为人不够狠。

⊙ 其船背[稍]夷。(《核舟记》)

〔译〕那船的背部稍微平坦些。

【形补式】

形容词谓语后附加了补语。

⊙ 其势弱〈于秦〉。(《六国论》)

〔译〕它们的势力比秦国弱小。

⊙ 谪戍之众，[非]抗〈于九国之师〉也。（《过秦论》）

〔译〕流放到边境去守边的部卒，不能跟九国的军队相抗衡。

（四）数词谓语句（存在句）

由数词、数量词或者带数词短语充当谓语。这种句子在翻译时会加上"有"字，有学者称为存在句。文言文中的存在句还会用"有""无""多""少"作为述说词，如"山多石，少土"（《登泰山记》）。

【单数式】

由单一数词充当谓语。

⊙ 举所佩玉玦以示之者三。（《鸿门宴》）

〔译〕举起他佩戴的玉玦来暗示项王的情况有多次。

【数量式】

由数词和量词构成的短语充当谓语。

⊙ 舳舻千里。（《赤壁赋》）

〔译〕战船首尾相接长达千里。

⊙ <u>皓月</u> <u>千里</u>。(《岳阳楼记》)

〔译〕皎洁的月光一泻千里。

【状数式】

数量词谓语前附加了状语。

⊙ <u>潭中鱼</u>〔可〕<u>百许头</u>。(《小石潭记》)

〔译〕潭中的鱼大约有一百来条。

(五) 主谓谓语句

由主谓短语充当谓语。这个主谓短语,是作为一个整体的意思对主语加以陈述。

⊙ <u>将军向宠</u>,性行淑均。(《出师表》)

〔译〕将军向宠,性情品行和善公正。

⊙ 今<u>齐</u><u>地方千里</u>。(《邹忌讽齐王纳谏》)

〔译〕现在齐国,疆土纵横长有千里。

⊙ <u>朝廷之臣</u> <u>莫不畏王</u>。(《邹忌讽齐王纳谏》)

〔译〕朝中的大臣没有谁不害怕您。

⊙ <u>是说也</u>,人常疑之。(《石钟山记》)

〔译〕这种说法,人们常常怀疑它。

二、疑问句

疑问句是表示疑问语气的句子。常用疑问代词、疑问副词、疑问语气词表示。一般分为正问句、反问句、推测问句三种。

【正问句】

也叫"询问句",指正面提出问题,要求对方做出回答,即有疑而问的句子。

1. 是非问句。指提出问题,要求做出肯定或否定回答的句子。

⊙ 聚室而谋曰:"吾与汝毕力平险,指通豫南,达于汉阴,可乎?"杂然相许。(《愚公移山》)

〔译〕(愚公)召集全家人商量说:"我跟你们尽力挖平险峻的大山,使道路一直通到豫州南部,到达汉水南岸,好吗?"大家纷纷表示赞同。

2. 选择问句。指在两项或多项是非问中,要求选择出一项进行肯定的句子。

⊙ 天之苍苍,其正色邪? 其远而无所至极邪?

（《北冥有鱼》）

〔译〕天空是那么湛蓝湛蓝的，就是它真正的颜色吗？还是因为天空高远而看不到尽头呢？

3. 比较问句。指对两项或多项事物提问，要求通过比较选择出一项作为回答的句子。常用的句式有"……孰与……"。

⊙ 忌不自信，而复问其妾曰："吾孰与徐公美？"妾曰："徐公何能及君也？"（《邹忌讽齐王纳谏》）

〔译〕邹忌不相信自己会比徐公美，就又问他的妾："我同徐公比，谁美？"妾说："徐公怎么能比得上您呀？"

4. 特指问句。指用疑问代词提问，要求就所问做出回答的句子。

⊙ 项王曰："沛公安在？"良曰："闻大王有意督过之，脱身独去，已至军矣。"（《鸿门宴》）

〔译〕项王说："沛公在哪里？"张良说："听说大王有意要责备他，脱身独自离开，已经回到军营了。"

【反问句】

亦称"反诘句",虽然提出问题,但并不要求对方回答,只是用疑问形式表达确定的思想内容,常采用"岂(宁、安、焉)……乎(也)""不亦……乎""如……何""何……之有""何为……乎""何以……为"等句式。

反问可以分为两种类型。

1. 用肯定反问句表示否定的内容。

⊙ 孤岂欲卿治经为博士邪?(《孙权劝学》)

〔译〕我难道想要你研究儒家经典,成为学官吗?

⊙ 王侯将相宁有种乎?(《陈涉世家》)

〔译〕王侯将相难道是天生的贵种吗?

⊙ 以君之力,曾不能损魁父之丘,如太行、王屋何?(《愚公移山》)

〔译〕凭您的力气,连削平魁父这座小山都做不到,能把太行、王屋这两座大山怎么样呢?

2. 用否定反问句表示肯定的内容。

⊙ 有朋自远方来,不亦乐乎?

〔译〕有志同道合的人从远方来,不是很快

乐吗?

⊙ "唯求则非邦也与?""安见方六七十,如五六十而非邦也者?"(《子路、曾皙、冉有、公西华侍坐》)

〔译〕"难道冉求所说的就不是国家吗?""怎见得方圆六七十或五六十里的地方就不是国家呢?"

——对话的前者为正问句,后者是前者的回答,为反问句。

⊙ 子非三闾大夫欤?何故而至此?

〔译〕您不就是三闾大夫吗?因为什么来到这儿?

——下一问为正问句,说明上一问不求回答,为反问句。

【推测问句】

又叫"测度句",表示怀疑和揣测,带有不能完全确定的语气的句子。

1. 表示对某件事有某种估计,需要对方答复予以证实,又称"商询疑问句"。句末常用语气词"欤(与)""乎""邪"等,可译成"吧""吗"。

⊙ 然则废衅钟与?(《齐桓晋文之事》)

〔译〕既然这样,那么取消涂钟行祭的仪式吗?

2. 表示说话人以不确定的语气表达观点,不需对方回答,又称"委婉疑问句"。句末常用语气词"乎""欤""耶""矣""夫"等,句首或句中常用"其"。

⊙ 抑本其成败之迹,而皆自于人欤?(《五代史伶官传序》)

〔译〕还是说,从他成功到失败的过程来追究,(得天下与失天下)都源于人的行为吧?

⊙ 圣人之所以为圣,愚人之所以为愚,其皆出于此乎?(《师说》)

〔译〕圣人之所以成为圣人,愚人之所以成为愚人,大概都由于这个原因吧?

还有固定结构"得无(无乃)……乎"。

⊙ 览物之情,得无异乎?(《岳阳楼记》)

〔译〕看了自然景物而触发的感情,大概会有不同吧?

⊙ 成反复自念,得无教我猎虫所耶?(《促织》)

〔译〕成名反复思考:"这莫非是指点我捉蟋蟀的地方?"

⊙ 孔子曰："求！无乃尔是过与?"(《季氏将伐颛臾》)

〔译〕孔子说："冉求呀！恐怕要责备你吧?"

——这里为了强调宾语"尔"，就把它提到动词"过"的前面，并加助词"是"作为标志。

三、祈使句

说话人表示请求、命令或禁止等语气的句子，以支配对方行动为目的。

【请求句】

说话人用恭敬、委婉的语气请求、希望或劝勉对方做某事。常在句中或句首用副词"请""其"、动词"愿"和语气词"唯""惟"等字。"请"一般译为"请允许我"，"其"表示婉商时译作"还是"，"愿""唯""惟"译作"希望"。

⊙ 战则请从。(《曹刿论战》)

〔译〕如果作战，请允许我跟随您。

⊙ 吾其还也。(《烛之武退秦师》)

〔译〕我们还是回去吧。

⊙ 唯君图之。(《烛之武退秦师》)

〔译〕希望您考虑这件事。

【命令句】

说话人用生硬的语气,命令或催促对方做某事。有时在句中用副词"其"字,译作"一定""应当"。

⊙ 与尔三矢,尔其无忘乃父之志!(《五代史伶官传序》)

〔译〕给你三支箭,你一定不要忘了你父亲报仇雪恨的心愿!

【禁止句】

说话人用禁止或劝阻的语气,让对方不做某事。句中常用否定副词"毋""勿""莫"等字,译作"不要""别"。

⊙ 毋纳诸侯。(《鸿门宴》)

〔译〕不要让诸侯的军队进来。

⊙ 急击勿失!(《鸿门宴》)

〔译〕赶快攻打他,不要失去(时机)!

四、感叹句

表示惊喜、感慨、愤怒、悲伤等强烈感情的句子。

1. 借用语气词来表示感叹语气。

句首常用感叹词"噫""嘻""呜呼""嗟乎"等，句尾常用感叹语气词"矣""乎""哉""夫""欤"等。

⊙ 嗟乎,此真将军矣!(《周亚夫军细柳》)

　　〔译〕啊,这才是真正的将军呀!

⊙ 儿之成,则可待乎!(《项脊轩志》)

　　〔译〕这个孩子考取功名的那天,一定能够等到了吧!

⊙ 嘻,技亦灵怪矣哉!(《核舟记》)

　　〔译〕啊,技艺也真是神奇啊!

还有一些非主谓句的感叹句,多半是形容词直接加叹词。

⊙ 悲夫!(《六国论》)

　　〔译〕悲哀啊!

2. 借用倒装句式来表示感叹语气。

主要是谓语前置,即谓语在前,主语在后。这是为了表达说话人的激动感情,所以先说谓语,然后再说主语。这种句型所表达的感叹语气最强烈。谓语一般为形容词。句尾可不用感叹语气词,但谓语和主语中间必须使用感叹语气词。

⊙ 宜乎百姓之谓我爱也。(《齐桓晋文之事》)

〔译〕难怪啊,百姓说我吝啬!

⊙ 渺渺兮予怀。(《赤壁赋》)

〔译〕多么悠远深沉啊,我的情怀!

如果遵守倒装句的翻译原则,需要将以上句子调整为正常语序翻译,但这样就减弱了感叹的语气。(详见"倒装句"中"主谓倒装")

3. 借用疑问词语来表示感叹语气。

形容词作谓语,"何""何其"放在形容词前面作状语,表示程度很深,可译作"多么""怎么""这么"。有的句子在句尾用了语气词"也"或"邪"。

⊙ 此乐何极!(《岳阳楼记》)

〔译〕这种快乐简直到了极点!

⊙ 至于誓天断发,泣下沾襟,何其衰也!(《五代史伶官传序》)

〔译〕以至于对天发誓把头发剪下,泪水沾湿了衣襟,(这种景象)是多么衰败啊!

复　句

　　复句,亦称"复合句",指由两个或两个以上的单句构成的语言使用单位。复句中的单句一般不再称为单句,因为它构成了复句的组成成分,且失去了独立性,所以被称为"分句"。

　　复句根据分句的层次情况,可分为一般复句、多重复句、紧缩复句三种。一般复句仅有一个结构层次,按照分句间的等级关系分为两大系:联合复句和偏正复句。有多个结构层次的叫多重复句。形似单句但实有层次的叫紧缩复句。

一、一般复句

(一) 联合复句

　　分句之间是平等的关系,没有主次之分。根据分句之间存在的并列、承接、递进或选择关系,进一步分为以下四种复句。

【并列复句】

　　几个分句间意义上有联系,结构上相互平行,位置上可以互换。并列关系如果从意义上细分，还可以分为同向并列和反向并列两种：

1. 同向并列。又称"等立句"。

⊙ 南声函胡，北音清越。(《石钟山记》)

〔译〕南面的(石头)声音含糊，北面的(石头)声音清越。

⊙ 杀人如不能举，刑人如恐不胜。(《鸿门宴》)

〔译〕杀人像是怕不能杀光，对人用刑像是怕不能用尽。

⊙ 吾妻之美我者，私我也；妾之美我者，畏我也；客之美我者，欲有求于我也。(《邹忌讽齐王纳谏》)

〔译〕我妻子认为我美，是偏爱我；妾认为我美，是害怕我；客人认为我美，是有求于我。

——这是三个因果判断句的联合。

2. 反向并列。又称"对比句"，是两个内容相对立的分句的并列，往往一为肯定，一为否定。

⊙ 不患人之不己知，患不知人也。(《论语》)

〔译〕不愁别人不了解自己，愁自己不了解别人。

⊙ 诚宜开张圣听，以光先帝遗德，恢宏志士之

气,不宜妄自菲薄,引喻失义,以塞忠谏之路也。(《出师表》)

〔译〕实在应该广开言路扩大听闻,以便发扬光大先帝遗留的美德,振奋鼓励有志之士的精神,不该随便贬低自己的水平,说话不合道理,以至于堵塞住忠心尽言的道路。

有时用连词"而"、副词"惟""独"等表示对比。

⊙ 然后知生于忧患而死于安乐也。(《生于忧患,死于安乐》)

〔译〕这样以后才知道忧虑祸患能使人(或国家)生存发展,而安逸享乐会使人(或国家)走向灭亡的道理了。

⊙ 斯是陋室,惟吾德馨。(《陋室铭》)

〔译〕这是简陋的屋舍,只因主人的品德好(就不感到简陋了)。

⊙ 陈守令皆不在,独守丞与战谯门中。(《陈涉世家》)

〔译〕郡守和县令都不在城中,只有守丞带兵在谯门中应战。

文言文的并列复句往往在形式上追求对称,前后分句在同样位置出现相同的字,或者意义相近或相关的字。此外,在并列复句的前后,往往有总起或总收的词句。

⊙ 我持白璧一双,欲献项王,玉斗一双,欲与亚父。(《鸿门宴》)

〔译〕我拿着一对白玉,要献给项王,(拿着)一对玉斗,要送给亚父。

——"我持"是"白璧"和"玉斗"共同的主谓语,是总起词。

⊙ 命夸娥氏二子负二山,一厝朔东,一厝雍南。(《愚公移山》)

〔译〕命令夸娥氏的两个儿子背上这两座山,一座放到朔方东部,一座放到雍州之南。

——"命夸娥氏二子负二山"为总起句。

⊙ 生乎吾前,其闻道也固先乎吾,吾从而师之;生乎吾后,其闻道也亦先乎吾,吾从而师之。吾师道也,夫庸知其年之先后生于吾乎?(《师说》)

〔译〕出生在我前面,他懂得道理本来就比我早,我跟随他学习;出生在我后面,如果他领会道理也早于我,我跟随他学习。我学习的是道,哪用得着管他在年辈上是出生在我之前还是在我之后呢?

——"吾师道也"一句为总收句。

【承接复句】

几个分句按顺序叙述连续发生的动作或相关情况,先后次序不可颠倒。

⊙ **沛公至军,立诛杀曹无伤。**(《鸿门宴》)

〔译〕刘邦回到军中,立刻杀掉了曹无伤。

——"至"和"诛杀"的动作是同一主语发出的,有前后推动的作用。

⊙ **王坐于堂上,有牵牛而过堂下者。**(《齐桓晋文之事》)

〔译〕王坐在殿堂上面,(这时候)有人牵着牛经过殿堂下面。

——后一分句所叙述的是前一分句的施事者所见到的。

⊙ **早出暮归,提竹筒丝笼,于败堵丛草处,探石发穴,靡计不施,迄无济。**(《促织》)

〔译〕(他)早出晚归,提着竹筒铜丝笼,在残破的墙垣或杂草丛生的地方,勘探石隙,发掘洞穴,没有什么办法不用的,最终也没有成功。

——前数句讲情况,末句讲结果。

还可以在后一分句中使用"而""则""便""遂""然后"等连词来表示承接。

⊙ 即出,得其船,便扶向路,处处志之。(《桃花源记》)

〔译〕(渔人)出来以后,找到了那船,就沿着来的路,处处都做了标志。

⊙ 入其室,则密室垂帘,帘外设香几。(《促织》)

〔译〕(成名之妻)进到那屋里,就(看到有个)密室挂着帘子,帘子外面摆着香火几案。

【递进复句】

又叫"进逼句"。后一分句所阐明的意思比前一分句更进一层。上分句有时用"且""犹""尚"等副词,为下分句作势,下分句前以"况""何况""矧"等连词进逼,作一反问句。

⊙ 臣死且不避,卮酒安足辞!(《鸿门宴》)

〔译〕臣子(我)死都不逃避,一杯酒哪里值得推辞!

⊙ 凡在故老,犹蒙矜育,况臣孤苦,特为尤甚。(《陈情表》)

〔译〕所有前朝旧臣,尚且受到怜悯养育,何况我孤单凄苦,单单受到了更多的照顾。

【选择复句】

又叫"抉择句"。分句表示两种或几种可能的情况,供人从中选择一种。这种句法多半以疑问句的形式出现,分句之间常用"抑""其""且"等关联词语连接。(参见"疑问句"中的"选择问")

⊙ 为肥甘不足于口与？轻暖不足于体与？抑为采色不足视于目与？声音不足听于耳与？便嬖不足使令于前与？(《齐桓晋文之事》)

〔译〕(正是)为了肥美的食物不够吃呢？轻暖的衣服不够穿呢？还是为了彩色不够看呢？音乐不够听呢？左右侍奉的人不够您使唤呢？

(二) 偏正复句

又叫"主从复句",是"联合复句"的对称。分句地位不是平等的,而是有主有从,有偏有正。根据分句之间存在的转折、因果、假设、条件、让步、按断、补充等关系,进一步分为以下七种复句。

【转折复句】

前后两个分句之间语意相反或相对。分句之间的转折关系常用"而""然""顾""则""然而"等表示。

⊙ 先帝创业未半,而中道崩殂。(《出师表》)

〔译〕先帝创建帝业没完成一半,却中途死去了。

⊙ 爱其子,择师而教之;于其身也,则耻师焉。(《师说》)

〔译〕(人们)爱自己的孩子,选择老师来教他们;对他自己呢,却以跟从老师学习为耻。

【因果复句】

两个分句,一个表示原因,另一个表示结果。根据因、果两分句的前后顺序,又可分为以下两种:

1. 先因后果,由因推果。后一个表示结果的分句是主句,故此类复句又称为"结果句"。下分句多用"故""是故""是以""以此"等词,上分句偶尔用"以""因""由"等词。

⊙ 其言不让，是故哂之。(《子路、曾皙、冉有、公西华侍坐》)

〔译〕他的话一点不谦逊，所以笑他。

⊙ 吾视其辙乱，望其旗靡，故逐之。(《曹刿论战》)

〔译〕我看他们车轮碾过的痕迹散乱，望见他们的旗子倒下了，所以决定追击他们。

⊙ 怀王以不知忠臣之分，故内惑于郑袖，外欺于张仪。(《屈原列传》)

〔译〕怀王因为不明白忠臣的职分，所以在国内被郑袖迷惑，在国外被张仪欺骗。

有时上分句用"也"字作一停顿，虽不用"因""以"，也可以把表示原因之意衬托出来。

⊙ 操蛇之神闻之，惧其不已也，告之于帝。(《愚公移山》)

〔译〕握着蛇的山神听说了这件事，怕愚公他们没完没了地挖下去，便向天帝报告。

2. 先果后因，由果溯因。后一个解释原因的分句是主句，故此类复句又称为"解释句"。上分句用"所以……者"，下分句用"以……也"或"……也"。

⊙ 所以遣将守关者，备他盗之出入与非常也。(《鸿门宴》)

〔译〕派遣将领把守关口的原因，(是)防备其他的盗寇进来和意外的变乱。

⊙ 古之人所以大过人者，无他焉，善推其所为而已矣。(《齐桓晋文之事》)

〔译〕古代圣人大大超过别人的原因，没有别的，善于推广他们做到的事罢了。

或者次句和主句用"……(者)，……也(故也)"之类判断句式组织起来：

⊙ 屈原之作《离骚》，盖自怨生也。(《屈原列传》)

〔译〕屈原写《离骚》，大概是由怨愤引起的。

⊙ 不以木为之者，文理有疏密，沾水则高下不平，兼与药相粘，不可取。(《活板》)

〔译〕不用木头做活字的原因，(是木头的)纹理有疏有密，沾上水就高低不平，加以跟药粘在一起，不能拿下来。

⊙ 窃以为与君实游处相好之日久，而议事每不合，所操之术多异故也。(《答司马谏议书》)

〔译〕私下认为跟君实交往相处友好的日子很长了，然而商议事情常常不能达到一致，(这是)采取的治国主张和方法大多不一样的缘故。

【假设复句】

前一分句假设一种情况,后一分句说出假设的结果。前一分句常用"苟""如""若""倘""使"等连词引出假设:

⊙ 苟以天下之大,而从六国破亡之故事,是又在六国下矣!(《六国论》)

〔译〕假若拿着整个天下这样大的条件而重复六国破败灭亡的往事,这就又在六国之下了!

⊙ 若止印二三本,未为简易;若印数十百千本,则极为神速。(《活板》)

〔译〕如果只印刷三两本,不能算是简便;如果印刷几十乃至成百上千本,就特别快。

或者用"诚""必""信"等副词强调假设:

⊙ 今诚以吾众诈自称公子扶苏、项燕,为天下唱,宜多应者。(《陈涉世家》)

〔译〕如今假使我们这些人冒充公子扶苏和项燕的队伍,向全国发出号召,应当有很多人来响应的。

⊙ 王必欲降武,请毕今日之欢,效死于前!(《苏武传》)

〔译〕您如果一定要让我投降,就请结束今天的欢聚,我在你的面前献出生命!

也有不用假设词,只在结果分句前用"辄""则"的:

⊙ 每责一头,辄倾数家之产。(《促织》)

〔译〕每要求(上供)一只(促织),就会用尽几家的财产。

⊙ 每闻琴瑟之声,则应节而舞。(《促织》)

〔译〕(促织)每当听到琴瑟的声音,就应和着节拍舞蹈。

还有是在前一分句用否定,整个复句从反面作推论,表示不具备特定的条件,就不可能出现相应的结果:

⊙ 沛公不先破关中,公岂敢入乎?(《鸿门宴》)

〔译〕(如果)沛公不先攻破关中,您怎么敢进来呢?

⊙ 微斯人,吾谁与归?(《岳阳楼记》)

〔译〕假如没有这种人,我跟谁回去呢?

文言文还常将两个或两个以上的假设复句并列,表示不同的情况下产生不同的结果。不同的情况不可能并存,这样前一分句的假设性更明显,整组句子的推论性显得更加明确：

⊙ 锲而舍之，朽木不折；锲而不舍，金石可镂。
《劝学》

〔译〕拿刀刻东西，如果中途放弃，腐朽的木头
也不能刻断；刻起来如果不停止，金石也能
雕穿。

⊙ 居庙堂之高则忧其民，处江湖之远则忧其君。
《岳阳楼记》

〔译〕在庙堂的高位之上（做官），就忧虑他的
人民；在江湖的僻远地方（闲居），就忧虑他的
君主。

【条件复句】

前一分句提出事情赖以发生的条件，后一分
句说出结果事件。分句之间常用"则""乃""然后"
连接。

⊙ 山不在高，有仙则名。《陋室铭》

〔译〕山不一定要高，有仙人（居住）就有名。

⊙ 度我至军中，公乃入。《鸿门宴》

〔译〕估计我到了军营里，您再进去。

⊙ 权，然后知轻重。《齐桓晋文之事》

〔译〕用秤称一称，才知道重量。

或者在前后分句的谓语前加"不""无""非"等，借否定形式表示"只有……才……"的意思。

⊙ 非学无以广才，非志无以成学。(《诫子书》)

〔译〕如果不学习就无法增长自己的才干，不明确志向就不能在学习上获得成就。

⊙ 虽有至道，弗学，不知其善也。(《虽有嘉肴》)

〔译〕即使有最好的道理，不学习，就不知道它的好处。

与假设复句不同的是，条件复句是借结果分句强调条件分句所述情形的必要性。

【让步复句】

前一分句先退一步说，把假设当作事实承认下来，一般用连词"虽""即""纵"来表示。后一分句表明不因假设实现而改变结论。

⊙ 齐国虽褊小，吾何爱一牛？(《齐桓晋文之事》)

〔译〕齐国虽然土地狭小，我又怎么会吝惜一头牛？

⊙ 即捕得三两头，又劣弱不中于款。(《促织》)

〔译〕即使捉到三两只，也是个头小力气弱，不符合规定。

【按断复句】

先用分句叙述情况和理由,最后用一分句做出判断。前者叫"按",后者叫"断"。"按"句常不止一句,有连贯句,有并列句,也有转折句,甚至可以自成一完整句。"断"句可以是陈述句和反问句。

⊙ 日夜望将军至,岂敢反乎?(《鸿门宴》)

〔译〕(我)日夜盼望将军到来,怎么敢反叛呢!

——上句"按",陈述事实,下句"断",表明态度。

⊙ 臣为韩王送沛公,沛公今事有急,亡去不义,不可不语。(《鸿门宴》)

〔译〕我替韩王护送沛公,沛公现在遇到危急的事,逃走是不符合信义的,不能不告诉他。

——分句一、二为"按",叙述自己和沛公两方面事实,分句三、四为"断",得出道义和行为两方面的结论。

"断"句也可以用判断句的形式,但通常情况是"断"句的主语为代词"是""此"等,复指前文所说的情况。我们把这种情况放到"特殊句式"的"复指句"中去说。

【补充复句】

以下句补充上句,或是解释说明上句内容,或是描写上句提出的情况。

⊙ 群臣进谏,门庭若市。(《邹忌讽齐王纳谏》)

〔译〕群臣都来进谏,门前、院内像集市一样。

——"门庭若市"描写"进谏"的场面。

⊙ 忽逢桃花林,夹岸数百步,中无杂树,芳草鲜美,落英缤纷。(《桃花源记》)

〔译〕忽然遇到一片桃花林,生长在溪水的两岸,长达几百步,中间没有别的树,花草鲜嫩美丽,落花纷纷散在地上。

——"夹岸"以下四句为并列句,都是描写桃花林的。

⊙ 以地事秦,如抱薪救火,薪不尽,火不灭。(《六国论》)

〔译〕用土地侍奉秦国,好像抱着柴去救火,柴不烧完,火不会熄灭。

——"薪不尽,火不灭"是说明用"抱薪救火"作比喻的内容的。

⊙ 少间,帘内掷一纸出,即道人意中事,无毫发
　爽。(《促织》)

〔译〕一会儿,从帘子里面扔出一张纸,就说出
问卜者心中想的事,没有丝毫差错。

——"即道人意中事"说明掷出的"一纸",而
"无毫发爽"又形容所道的"人意中事"。

二、多重复句

指有两个或两个以上的结构层次的复句。可
以理解为由复句充当分句。根据复句层次的数
目,可以分为二重复句、三重复句、四重复句等。

⊙ ①问今是何世,②乃不知有汉,③无论魏晋。
　(《桃花源记》)

〔译〕(他们)问现在是什么朝代,(他们)竟然
不知道有过汉朝,更不必说魏晋两朝了。

——分句①与分句②之间是承接关系,分句
②与分句③之间是递进关系:这是一个二重
复句。

⊙ ①郦元之所见闻,殆与余同,②而言之不详;
　③士大夫终不肯以小舟夜泊绝壁之下,④故
　莫能知;⑤而渔工水师虽知而不能言。⑥此

世所以不传也。(《石钟山记》)

〔译〕郦道元看到、听到的事实,几乎和我一样,但是叙述得不详细;士大夫终究不愿意乘坐小船在夜里停泊到陡峭的山崖下面,所以没人能知道;同时渔人和船夫虽然知道(事情)却不能写出来。这就是世上没有流传(石钟山得名由来)的原因。

——分句①与分句②之间是转折关系,分句③与分句④之间是因果关系,分句①②、分句③④和分句⑤之间是并列关系,分句①到⑤和分句⑥之间是因果关系。

⊙ ①是马也,虽有千里之能,②食不饱,③力不足,④才美不外见,⑤且欲与常马等不可得,⑥安求其能千里也?(《马说》)

〔译〕这样的马,虽有日行千里的能耐,却吃不饱,力气不足,它的才能和美好的素质也就表现不出来,想要跟普通的马相等尚且办不到,又怎么能要求它日行千里呢?

——分句①与分句②至④之间是转折关系,分句②与分句③之间是并列关系,分句②③和分句④之间是条件关系,分句①到④和分句⑤⑥之间是因果关系,分句⑤和分句⑥之间是递进关系。

三、紧缩复句

用单句形式表示复句关系的句子。有时用连词"而""则"等,有时则不用。

⊙ **彼竭我盈。**(《曹刿论战》)

〔译〕他们的士气已经消失,而我军的士气正盛。

——这是并列关系的紧缩句。

⊙ **木受绳则直。**(《劝学》)

〔译〕所以木材经过墨线比量(加工)就直了。

——这是条件关系的紧缩句。

⊙ **门虽设而常关。**(《归去来兮辞》)

〔译〕家门虽然设置了,但经常关着。

——这是让步关系的紧缩句。

特殊句式

一、被动句

一般的叙述句,主语是谓语动作的发出者(施事者),而被动句的主语是谓语动作的承受者(受事者),且谓语动词必须是及物动词。判断一个句子是否是被动句,根本的标准是看主语和谓语动词之间的语义关系。

【"于"字式被动】

动词谓语后用介词"于"引进动作行为的主动者。

⊙ 不拘于时。(《师说》)

〔译〕(李蟠)不被时俗拘束。

⊙ 不凝滞于物。(《屈原列传》)

〔译〕(圣人)不被外界事物所拘束。

需要说明的是,介词"于"本身并不表被动。这些句子之所以成为被动句,主要是因为动词用于被动的意义了。(详见"意念被动")

【"为"字式被动】

用"为(wéi)"引进动作行为的主动者。一般有以下几种形式：

1. 在"为"和动词之间出现动作的主动者。

⊙ 身死人手，为天下笑者，何也？《过秦论》

〔译〕(秦王子婴)自己死在别人手里，被天下人耻笑，这是为什么呢？

⊙ 吾属今为之虏矣。(《鸿门宴》)

〔译〕我们这些人将要被他俘虏了。

2. "为"字直接放在动词前面，省略动作行为的主动者。

⊙ 天子为动。(《周亚夫军细柳》)

〔译〕皇帝被(周亚夫)震撼到了。

⊙ 吴广素爱人，士卒多为用者。(《陈涉世家》)

〔译〕吴广平时很关心周围的人，士兵们大多愿意受他驱使。

3. 汉代以后，"为"字式被动发展成"为……所"式，把动作行为的主动者放在"为"和"所"的中间。

⊙ 竟为秦所灭。(《屈原列传》)

〔译〕(楚国)最终被秦国灭掉。

⊙ 其印为余群从所得。(《活板》)

〔译〕他的活字印被我的侄子们得到。

或者省略主语,成为"为所……"形式。

⊙ 若属皆且为所虏。(《鸿门宴》)

〔译〕你们这些人都将被他俘虏了。

【"被"字式被动】

当"被"字早期出现在被动句中的时候,它并不是一个纯粹的表被动的标志,它的动词性还比较强,往往包含着"遭受""蒙受"等意思,且不出现动作行为的主动者。

⊙ 信而见疑,忠而被谤。(《屈原列传》)

〔译〕说实话却被怀疑,尽忠心却受诽谤。

后来逐渐虚化,变成了一个纯粹表被动的标志,而且在"被"字的后面出现了动作行为的主动者。

⊙ 风流总被雨打风吹去。(《永遇乐·京口北固亭怀古》)

〔译〕英雄人物都被严酷的岁月带走了。

【“见”字式被动】

在动词前加上“见”字表示被动。

⊙ 是以见放。(《屈原列传》)

〔译〕(我)因此被流放。

“见”字不能引进动作行为的主动者,即不能带宾语,这是它和“于”“为”“被”的明显不同。如果需要指明主动者,就要在动词谓语后面用介词“于”引进主动者。

⊙ 吾长见笑于大方之家。(《庄子·秋水》)

〔译〕我就会永远被有见识的人耻笑了。

需要提醒的是,现在口语中所说的“见笑”和《庄子·秋水》中的“见笑”不一样。“你可别见笑”的“见”不是表示被动的,而是代词,指代说话者自己,“见笑”等于说“笑话我”。现在口语中还有“见教”“见怪”等说法,都是说“教导我”“责怪我”。文言文中也有这样的“见”:

⊙ 慈父见背。(《陈情表》)

〔译〕慈爱的父亲就抛下了我(离世)。

⊙ 冀君实或见恕也。(《答司马谏议书》)

〔译〕期盼您或许能够原谅我吧。

这样的"见"或许与表被动的"见"有联系,但不能说它们是一回事。

【意念被动】

没有专门用来表示被动的词语,只是从意思上反映出主语被动性质的被动句。这种被动句是用主动句的形式表示被动的内容,只能通过分析具体的语言环境来确认。意念被动句主要有下面三种结构:

1. 代表受事者的主语后接及物动词。行为的施事者隐而不现。

⊙ 樯倾楫摧。(《岳阳楼记》)

〔译〕桅杆倒下,船桨折断。

——"樯""楫"这样无生命之物,不可能发出"倾""摧"的行为。主语与谓语动词不能搭配,加之及物动词后不带宾语,整个句子只能成为意念被动。

⊙ 屈原放逐,乃赋《离骚》。(《报任安书》)

〔译〕屈原被流放,就创作了《离骚》。

——这种以人为受事主语的句子,又没有表被动的结构特点,最容易与主动句混淆。但根据谓语动词是及物动词却又不带宾语这个特点，可以断定主语具有被动性质。

2. 及物动词后接代表施事者的宾语。

⊙ 激昂大义，蹈死不顾。(《五人墓碑记》)

〔译〕(五人)被大义所激励，走向死亡也不回头。

——主语"五人"承上文省略。"大义"不可能是"激昂"的对象，而只能是这一行为的施事者。

3. 代表受事者的主语后接及物动词，再接代表施事者的宾语。

⊙ 韩非囚秦。(《报任安书》)

〔译〕韩非被秦国囚禁。

——"秦"作为国家，不可能是"囚"的对象，而只能是施事者。这样，主语"韩非"就是受事者，从而构成被动句。

意念被动句的及物动词和施事者之间都可以加介词"于"，变成"于"字式被动句。

二、省略句

省略句指在一定的语境下省略某些语言成分的句子。所谓"省略"，其实只是古人习惯上容许的另一种结构,不能理解为非正式的、例外的。

　　本节中例句的省略成分一律用( )补出。

【主语省略】

　　语境里、逻辑上有主语,句子形式上无主语。这种省略不但是文言语法所允许的,而且是行文简洁所需要的。省略主语的情况,主要有以下三种:

　　1. 承前省略。

⊙ 刿曰:"未可。"(刿)下视其辙,登轼而望之,曰:"可矣。"(《曹刿论战》)

　　〔译〕曹刿说:"还不行。"(他)下车去察看齐军的车轮痕迹,又登上车前横木瞭望齐军,说:"可以追击了。"

　　2. 蒙后省略。

⊙ (公)度我之军中,公乃入。(《鸿门宴》)

　　〔译〕估计我到了军队里,您再进去。

　　3. 对答省略。

⊙ 樊哙曰:"今日之事何如?"良曰:"(今日之事)甚急!"(《鸿门宴》)

　　〔译〕樊哙说:"今天的事情怎么样?"张良说:

"(今天的事情)非常危急!"

【谓语省略】

省略动词构成的谓语。一般是承前省略。

⊙ 一鼓作气,再(鼓)而衰,三(鼓)而竭。(《曹刿论战》)

〔译〕第一次击鼓能够激发士兵的勇气,第二次(击鼓)士兵的勇气减弱了,第三次(击鼓)士气就没有了。

⊙ 三人行,必有我师焉。择其善者而从之,(择)其不善者而改之。(《论语》)

〔译〕几个人同行,在其中一定有人可以做我的老师。我选择他的优点向他学习,(选择)他的缺点就对照着改正自己的缺点。

也有蒙后省略的情况。

⊙ 躬自厚(责)而薄责于人,则远怨矣。(《论语·卫灵公》)

〔译〕多(责备)自己而少责备别人,那就可以避免别人的怨恨了。

⊙ 杨子之邻人亡羊,既率其党(追之),又请杨子之竖追之。(《列子·说符》)

〔译〕杨子的邻居丢失了羊，已经带领他的一群人(追羊)，又请杨子的仆人追它。

【动词后宾语省略】

省略了动宾结构中的宾语。一般是承前省略，理解时可以补入"之"字。

⊙ 项伯乃夜驰之沛公军，私见张良，具告(之)以事。(《鸿门宴》)

〔译〕项伯就连夜骑马赶到沛公的军营，私下会见张良，把项羽打算攻打刘邦的事情全部告诉了(他)。

⊙ 哙即带剑、拥盾入军门。交戟之卫士欲止(之)不内(之)。(《鸿门宴》)

〔译〕樊哙就带着剑持着盾冲入军门。用戟交叉着守卫军门的兵士想阻止(他)不放(他)进去。

【介词后宾语省略】

介词"以""与""为"等的后面如果是代词(一般是"之"字)，这个代词可以省略。

⊙ 忠之属也，可以(之)一战。(《曹刿论战》)

〔译〕这才是尽了本职一类的事，可以凭借（这个条件）打一仗。

——这里的"可以"不同于现代汉语，要分开来理解。

⊙ 此人一一为（之）具言所闻。（《桃花源记》）

〔译〕渔人一一向（他们）详尽讲述了自己知道的事。

⊙ 项羽大怒，曰："旦日飨士卒，为（我）击破沛公军！"（《鸿门宴》）

〔译〕项羽大怒，说："明天一大早犒劳士兵，给（我）打败刘邦的军队！"

【双宾语中宾语省略】

双宾语中某一宾语已经在上下文中点出，便可省略。

⊙ 我持白璧一双，欲献（之）项王。（《鸿门宴》）

〔译〕我拿着一对玉璧，想（把它）献给项王。

——这是省略了直接宾语。

⊙ 则与（之）斗卮酒。（《鸿门宴》）

〔译〕（旁边侍奉的人）就给了（樊哙）一大杯酒。

——这是省略了间接宾语。

【兼语省略】

使令动词后的兼语省略。

⊙ 扶苏以数谏故,上使(扶苏)外将兵。(《陈涉世家》)

〔译〕扶苏因为屡次劝谏,秦始皇派(扶苏)到外地去带兵。

⊙ 将尉醉,广故数言欲亡,忿恚尉,令(尉)辱之,以激怒其众。(《陈涉世家》)

〔译〕军官喝醉了,吴广故意再三地提出要逃走,惹他们发火,让(军官)责罚他,来激怒士兵。

⊙ 见渔人,乃大惊……便要(渔人)还家。(《桃花源记》)

〔译〕(村里的人)看到渔人,感到非常惊讶……就邀请(渔人)到家里去。

⊙ 吏来而呼曰:"官命(我)促尔耕,勖尔植,督尔获。"(《种树郭橐驼传》)

〔译〕小吏跑来大喊:"长官命令(我)催促你们耕地,勉励你们种植,督促你们收割。"

⊙ 有华阴令欲媚上官,以一头进,试使(之)斗而才,因责(华阴)常供。(《促织》)

〔译〕有位华阴县县令想讨好上司,进奉一头蟋蟀,尝试着让(它)去斗,就表现出不错的资质,于是朝廷要求(华阴县)把蟋蟀作为固定的贡奉。

【介词省略】

指省略介词"以"或"于"的句子。

1. 单独的动词谓语后的介宾结构中省略介词。

⊙ 我知之(于)濠上也。(《庄子与惠子游于濠梁之上》)

〔译〕我是(在)濠水边知道的啊。

⊙ 闻(于)寡人之耳。(《邹忌讽齐王纳谏》)

〔译〕传(到)我的耳朵里。

⊙ 林尽(于)水源。(《桃花源记》)

〔译〕桃林(在)溪水的源头终止。

2. 动宾结构后的介宾结构中省略介词"于"或"以"。

⊙ 然足下卜之(于)鬼乎!(《陈涉世家》)

〔译〕不过你们还是(向)鬼神卜问一下这件事吧!

⊙ 山水之乐，得之（于）心而寓之（于）酒也。
（《醉翁亭记》）

〔译〕欣赏山水的乐趣，领会（于）心间，寄托
（在）酒上。

⊙ 请买其方（以）百金。（《大瓠之种》）

〔译〕请求（用）百金购买他的药方。

⊙ 又试之（以）鸡。（《促织》）

〔译〕又（用）鸡测试这只蟋蟀。

三、倒装句

汉语的一般语序是：主语在前，谓语在后；谓
语中心语（动词）在前，宾语在后；定语或状语在
前，中心语在后。文言文的一些句子不符合上述
的一般语序，在现代人看来，就是句子成分的先后
顺序颠倒了，所以称之为"倒装句"。不过，在古人
看来，这种"倒装"可能就是常态。

【主谓倒装】

也叫"谓语前置"，是将谓语置于主语之前。
具体有三种情况：

1. 在感叹句中，为了强调感叹中心，表示强烈

的感叹语气,常把谓语放在主语之前来引起注意,后面黏附语气词加强感情。

⊙ **贤哉**,<u>回也</u>!(《论语·雍也》)

〔译〕颜回是贤能的啊!

⊙ **甚矣**,<u>汝之不惠</u>!(《愚公移山》)

〔译〕你不聪明得太厉害了!

——"汝之不惠"的"之"用在主谓之间,使之变成了名词性词组而作主语。"甚"是副词,通常情况下只能充当状语或者补语,不能充当谓语。但这里为了强调句子的程度、突出表现说话人的情态,便将它从状语的位置中提取出来,充当了句子的谓语。

2. 在疑问句中,谓语作为疑问的重点而被强调,常置于主语之前。

⊙ **谁欤**,<u>哭者</u>?(《礼记·檀弓下》)

〔译〕那个啼哭的人是谁啊?

⊙ **何哉**,<u>尔所谓达者</u>?(《论语·颜渊》)

〔译〕你所说的通达是什么啊?

3. 陈述句一般不倒装。但在诗词中,为了符合格律或追求新奇,会将谓语前置:

⊙ 桃之夭夭,<u>灼灼</u>其华。之子于归,宜其室家。

（《诗经·桃夭》）

〔译〕茂盛的桃树，花儿开得灿烂。这个姑娘嫁过门，定使家庭和顺美满。

——"灼灼其华"本应是"其华灼灼"，倒装是为了让"华"与"家"押韵。

⊙ 竹喧归<u>浣女</u>，莲动下<u>渔舟</u>。（王维《山居秋暝》）

〔译〕竹林喧响知是洗衣姑娘归来，莲叶轻摇想是上游荡下轻舟。

——本应是"竹喧（因）浣女归，莲动（因）渔舟下"，词序的倒置是为了满足押韵和平仄的要求。

【动宾倒装】

"宾语前置"的一种，是为了突出强调宾语，而将它置于动词之前。大致可分为三种情况：

1. 在否定副词是"不""毋（无）""未""莫"的否定句中，如果宾语是个代词，它就放在动词前面。

⊙ 不患人之[不]<u>己</u><u>知</u>，患[不]<u>知</u><u>人</u>也。（《论语·学而》）

〔译〕不担心别人不了解自己，担心（自己）不了解别人。

——上下句都是否定句，"己"是代词，所以前置，"人"是名词，所以没有前置。

⊙ 古之人[不]余欺也。(《石钟山记》)

〔译〕古人不骗我。

2. 疑问代词作宾语时，该疑问代词要前置。

⊙ 客何为者？(《鸿门宴》)

〔译〕这客人是干什么的？

⊙ 吾谁欺？欺天乎？(《论语·子罕》)

〔译〕我欺骗谁？欺骗老天爷吗？

——疑问句和反问句有相同的动词"欺"，疑问句宾语是疑问代词"谁"，所以前置，反问句宾语是一般名词"天"，就放在动词后。

3. 借助"之""是"把宾语提前。

⊙ 何陋之有？(《陋室铭》)

〔译〕有什么简陋的呢？

——"何"虽然也是疑问代词，但做的是"陋"的定语，"何陋"为动词谓语"有"的宾语。全句正常语序是"有何陋"。

⊙ 尺璧非宝，寸阴是竞。(《千字文》)

〔译〕一尺大的玉璧不是宝物，应当争取一寸的光阴。

宾语前置的标志"之""是",有人将其定性为结构助词。但推究这种句式的本质,"之""是"是作为代词复指提前的宾语,起到强调的作用。

这种宾语前置的句式,还可以在宾语前面加上副词"惟(唯)",构成"惟(唯)……是(之、为)……"的结构,特别强调行为的对象,如成语"唯利是图""唯才是举""唯命是从"等。

⊙ 孟武伯问孝,子曰:"父母[唯]其疾之忧。"(《论语·为政》)

〔译〕孟武伯问孝是什么,孔子说:"做父母的只担心儿女生病。"

4. 固定结构"此之谓……"与"……之谓"。这些句式多见于论说内容的末尾,起总结的作用。

⊙ 富贵不能淫,贫贱不能移,威武不能屈,此之谓大丈夫。(《富贵不能淫》)

〔译〕富贵不能使他迷惑,贫贱不能使他动摇,威武不能使他屈服。叫这样的人大丈夫。

——最后一句的"之"是宾语前置的标志,转为常态句是:谓此大丈夫。这是双宾语句,近宾语"此"是"谓"的对象,远宾语"大丈夫"是"谓"的内容。

⊙ 故曰：教学相长也。《兑命》曰"学学半"，其<u>此</u><u>之谓</u>乎！（《虽有佳肴》）

〔译〕所以说，"教"和"学"是相互促进的。《尚书·兑命》说"教别人，占自己学习的一半"，大概就是说这个的吧！

——"其……乎"表示推测的语气。"此"指代前文"学然后知不足"至"教学相长也"一段对于教、学关系的阐述，"《兑命》曰'学学半'"作为一个经典表述，是用来总结教、学关系的，本应出现在"谓"之后，只因为有了"《兑命》曰"这个引语出处而过长，才移到前面。转为常态句可以是：其谓此"学学半"乎！

以上是分析"此之谓……"和"此之谓"的语法结构和变化关系。翻译这两个固定结构时，不必苛求还原文言的动宾关系，可以按照现代汉语的习惯，把"此之谓……"译为"把这个称为……"，把"……，此之谓"译为"……，说的就是这个"。

【介宾倒装】

"宾语前置"的一种，是为了强调介词"以"的宾语而把它置于"以"之前。

⊙ 何以战？(《曹刿论战》)

〔译〕靠什么作战？

⊙ 静以修身，俭以养德。(《诫子书》)

〔译〕依靠内心安静修养身心，依靠俭朴生活培养自己高尚的品德。

⊙ 微斯人，吾谁与归？(《岳阳楼记》)

〔译〕假如没有这样的人，我跟谁回去？

⊙ 全石以为底。(《小石潭记》)

〔译〕(潭)以整块石头为底。

"是以"这个词组也算倒装，因为"是以"是"以是"的颠倒，是"因此"的意思(是：此；以：因)。

【定中倒装】

也叫"定语后置"，是将定语置于中心语之后。常见的是"……之……者"的模式：

⊙ 马之千里者，一食或尽粟一石。(《马说》)

〔译〕日行千里的马，一顿有时能吃下一石粮食。

⊙ 牡丹，花之富贵者也。(《爱莲说》)

〔译〕牡丹是代表富贵的花。

——"牡丹是花"这一判断是极其普通的常

识,"富贵"是表达者强调的信息,所以突破常规语序放在"花"的后面,在视觉上摆脱附属地位而显露出来,在听觉上则成为语句重音所在,于是吸引人的注意。

定语后置结构还可以单用"者"字:

⊙ 盖简桃核修狭者为之。(《核舟记》)

〔译〕是挑选长而窄的桃核刻成的。

⊙ 有奇字素无备者,旋刻之,以草火烧,瞬息可成。(《活板》)

〔译〕有平时没有准备的生僻字,马上把它刻出来,用草火烧烤,很快可以制成。

还有单用"之"的:

⊙ 蚓无爪牙之利,筋骨之强。(《劝学》)

〔译〕蚯蚓没有锋利的爪牙,强健的筋骨。

⊙ 无丝竹之乱耳,无案牍之劳形。(《陋室铭》)

〔译〕没有扰乱心境的世俗乐曲,没有劳神伤身的官府公文。

有学者认为定语后置结构可以用现代汉语的"……中的……"来理解。文言文中确实也有类似表达,如"日月星宿,亦积气中之有光耀者"(《杞人忧天》)。所以不少讲古汉语语法的书不提定语后置。但这只能说明"定语后置"不是专属于古代汉语的结构,现代汉语"……中的……"的表达也是通过后置来突出修饰语。不能因为现代汉语有类似表达模式而抹杀"定语后置"在结构和表义上的特殊性。

【状中倒装】

又叫"状语后置",是将状语置于动词谓语之后。这种后置的状语往往是介宾结构,所以又叫"介宾结构后置"。

⊙ 告之于帝。(《愚公移山》)

〔译〕向天帝报告了这件事。

⊙ 咨臣以当世之事。(《出师表》)

〔译〕拿当代的大事来询问我。

⊙ 王无异于百姓之以王为爱也。(《齐桓晋文之事》)

〔译〕王不要对老百姓认为您吝惜感到奇怪。

⊙ 投诸渤海之尾、隐土之北。(《愚公移山》)

〔译〕把它扔到渤海的边上,隐土的北边去。

——"诸"是兼词,相当于"之于"。"投之"是动宾短语,"于渤海之尾、隐土之北"是介宾结构,为后置的状语。

⊙ 吾闻庖丁之言,得养生焉。(《庖丁解牛》)

〔译〕我听了庖丁的话,从中懂得了保养身体的道理。

——"焉"是兼词,相当于介宾结构"于是",其中代词"是"指代"庖丁之言"。

后置状语也可以认为是补语,所以状中倒装也被归为动补或动宾补结构。

四、复指句

同一句子中有两个词或短语表示同一事物或现象,后面的词或短语指称前面的词或短语,叫"复指"。有复指成分的句子叫"复指句",可以分为称代复指和总分复指两类。

【称代复指】

一个词或短语在句子前头先出现,后面的句子里用一个代词来指代它。

⊙ 鯈鱼出游从容,是鱼之乐也。(《庄子与惠子游于濠梁之上》)

〔译〕白鱼在河水中游得多么悠闲自得,这是鱼的快乐啊。

——代词"是"复指"出游从容"。

⊙ 是故燕虽小国而后亡,斯用兵之效也。(《六国论》)

〔译〕因此燕国虽然是个小国,却灭亡在后,这是用兵抵抗的效果啊。

——代词"是"复指"燕虽小国而后亡"。

【总分复指】

先分说,后总说,总说部分中的代词复指分说部分。

⊙ 夫颛臾,昔者先王以为东蒙主,且在邦域之中矣,是社稷之臣也。(《季氏将伐颛臾》)

〔译〕那颛臾,过去鲁国先君把它任命为东蒙山祭祀的主管,而且地处鲁国境内,这是鲁国的重要臣属。

⊙ 惟江上之清风,与山间之明月,耳得之而为声,目遇之而成色,取之无禁,用之不竭,是造物者之无尽藏也,而吾与子之所共适。(《赤壁赋》)

〔译〕只有这江上的清风和山间的明月,耳朵听到了就成为声音,眼睛看到了就成为色彩,怎样获取都无人禁止,怎样使用也不会用完,这是大自然无穷无尽的宝藏,并且我和你可以共同享受。

断句技巧

古人写的文章,不加标点符号。给文言文断句的基本思路是:先断易,再断难。首先默读文段把握基本语意,凭语感将能断开的先断开,然后集中精力分析难断处。下面介绍解决断句疑难的五个基本方法。

(一) 主谓动宾,找准搭配

完整的句子,一般以一个主谓结构或主谓宾结构为主干。找准谓语所属的主语,以及动词所带的宾语,是断句的基础。汉语的名词既可以作主语,又可以作宾语。而文言句子的主语常常承前省略。所以一个名词是上句的宾语还是下句的主语,往往成为疑难。

断句时,我们可以先找出名词,明确其代表的人、事、物之间有什么关系,再看它们与前后的动词是怎样的关系,谁为施动者,谁为受动者,由此判断一些词语是上句的宾语还是下句的主语。

⊙ 初/范阳祖逖少有大志/与刘琨俱为司州主
簿/同寝/中夜闻鸡鸣/蹴琨觉/曰/此非恶声
也/因起舞(《资治通鉴》)

——"少"固然可以作"祖逖"的谓语,但这样
一来,"祖逖少"表示祖逖年轻,是在叙述一个
时间点,就与"初"重复了。所以"少有大志"
应该连读,"少"作状语。

——"蹴"的宾语为刘琨,主语必然为祖逖。
如将"觉"与前断开,那么主语也就默认为祖
逖,这就与祖逖已经醒来且"蹴"刘琨矛盾了。
所以这里"蹴琨觉"必须连读,构成一个兼语
式结构,使"觉"成为刘琨的动作。

〔译〕当初,范阳人祖逖,年轻时就有大志
向,曾与刘琨一起担任司州的主簿,与刘琨同寝,
夜半时听到鸡鸣,他踢醒刘琨,说:"这不是令
人厌恶的声音。"就起床舞剑。

(二) 并举词句,从中截断

文言文追求句式整齐,行文中多用对称的词
句,即做到上下句结构相似甚至字数相同。以重
复出现的字眼,以及相呼应的相同字或同义字为

基础,就可以找到对称结构,再依此断句。

⊙ 仕而至公卿/命也/退而为农/亦命也/若夫挠节以求贵/市道以营利/吾家之所深耻(《放翁家训·序》)

——"仕而至公卿"和"退而为农"都是承接关系的句子,两个"命也"都是对前句的判断,所以分别在"命也"与"亦命也"前后断开。"挠节以求贵"与"市道以营利"是对称句式,分别在其后断开。

〔译〕做官一直做到公卿大臣,是命运使然;退居山野然后成为农夫,也是命运使然。至于失去节操来求得显贵,出卖自己的道德准则来谋取利益,这是我们家深深感到耻辱的事。

(三) 惯用组合,直接连读

文言文的惯用组合主要有特殊句式、固定结构和常见动宾搭配。熟悉它们,可以快速将某一部分作整体考虑,简化断句过程。

⊙ 纯礼字彝叟/以父仲淹荫/知陵台令兼永安县/永昭陵建/京西转运使配木石砖甓及工徒于一路/独永安不受令(《宋史·范纯礼传》)

——"以……荫""知……令（县）"都是固定搭配。"京西转运使"是官职名，不是"建"的宾语，而是"配木石砖甓及工徒"的主语，所以应当与下文连读。"于一路"是介宾结构，文言文一般后置，故当与之前的动宾结构"配木石砖甓及工徒"连读。

〔译〕范纯礼字彝叟，因父亲范仲淹的功劳而获得任官的权利，担任陵台县令兼永安县令，永昭陵兴建时，京西转运使在整个京西路范围内调配木石砖瓦及工匠，唯独永安县不接受命令。

（四）凭借虚字，判定首尾

古书无标点，主要依靠虚词标明句子的始终，以及句中的停顿。句与句之间也依靠虚词提示逻辑关系。这些虚词都可作为断句的标志。

但要注意，有些虚词是发语词和语气词，也具有介词、助词等特性。比如"乎"有时相当于介词"于"，如"相与枕藉乎舟中"，又比如"然"可用为副词或形容词后缀，如"我善养吾浩然之气"。就是经常出现于句末的"也"，也用于主谓之间表示停顿，如"由也为之"。所以不能简单机械地见虚词就点断。

> ⊙ 罗既官游击/乃遣人访其妻/以重金赎还/为
> 夫妇如初/报其鬻身救夫之义也/此事不足
> 训/然以视少共艰苦/既贵而厌弃其糟糠者/
> 其厚薄之区/殆不可以道里计/天生豪杰/磊
> 磊落落/安得以道学家之律绳之（《清代名人
> 轶事·罗提督》）
>
> ——"乃"为连词，其前应断开；"也"为句末语
> 气助词，其后应断开；"然"表转折，其前应断
> 开；"安得"常用于反问句开头，其前应断开。
> 〔译〕罗提督已经当上了游击将军，就派人寻
> 找他的妻子，用一大笔钱把她赎回家，像从前
> 一样做夫妻，报答她卖身救夫的大义。这件
> 事不值得提倡，但拿这件事来比较那些年轻
> 时候共同经历艰难生活，已经富贵了就嫌弃、
> 抛弃糟糠之妻的人，情感深浅的差别，当然不
> 能用里程来计算。罗提督生来就是豪杰，做
> 事光明磊落，又怎么能用道学家的规范来衡
> 量呢？

（五）根据语境，抉择两可

我们阅读古书时，偶尔会遇到两种断句方式

在语法上都成立的情况。这时先要辨明两种断句方式在句意理解上的区别，然后根据上下文判断哪种理解更为合适。

⊙ 吴起者/卫人也/事鲁君/齐人攻鲁/将而攻齐/大破之/鲁人或曰/夫鲁小国/而有战胜之名/则诸侯图鲁矣/且鲁卫兄弟之国也/而君用起/则是弃卫/鲁君疑之/谢吴起（《史记·孙子吴起列传》）

——"则是弃卫/鲁君疑之"，也可能断为"则是弃卫鲁/君疑之"。但这句话是"鲁人或曰"的内容，是针对鲁君而发，所以这里只能弃卫，不会弃鲁。

〔译〕吴起，是卫国人，侍奉鲁国国君。齐人攻打鲁国，吴起率军攻打齐国，大败齐军。鲁国有人说："鲁国是小国，却有着战胜国的名声，那么诸侯各国就要谋算鲁国了。况且鲁国和卫国是兄弟般的国家，而鲁君起用吴起，就是舍弃了卫国。"鲁君怀疑吴起，就罢免了吴起。

附：训练题

1. 宋人或得玉献诸子罕子罕弗受献玉者曰以示玉人玉人以为宝也故敢献之子罕曰我以不贪为

宝尔以玉为宝若以与我皆丧宝也不若人有其宝。（《左传·襄公十五年》）

2. 夫学者所以求益耳见人读数十卷书便自高大凌忽长者轻慢同列人疾之如仇敌恶之如鸱枭如此以学自损不如无学也。（《颜氏家训·勉学篇》）

3. 司马温公幼时患记问不若人群居讲习众兄弟既成诵游息矣独下帷绝编迨能倍讽乃止用力多者收功远其所精诵乃终身不忘也。（《三朝名臣言行录》）

4. 及之而后知履之而后艰乌有不行而能知者乎披五岳图以为知山不如樵夫之一足谈沧溟之广以为知海不如估客之一瞥疏八珍之谱以为知味不如庖丁之一啜。（《默觚·学篇二》）

答案

1. 宋人或得玉，献诸子罕，子罕弗受。献玉者曰："以示玉人，玉人以为宝也，故敢献之。"子罕曰："我以不贪为宝，尔以玉为宝，若以与我，皆丧宝也，不若人有其宝。"

〔译〕宋国有个人得到了一块玉，把它献给宋国国相子罕。子罕不肯接受。献玉的人说："我已经把它给加工玉石的匠人看了，玉匠认为它是珍宝，所以才敢献给您。"子罕说："我把不贪财作为珍宝,你把玉作为珍宝,如果给我,我们都会丧失了珍宝,还不如各人持有自己的珍宝。"

2. 夫学者,所以求益耳。见人读数十卷书,便自高大,凌忽长者,轻慢同列。人疾之如仇敌,恶之如鸱枭。如此以学自损,不如无学也。

〔译〕学习是为了求得长进。我却看见有的人读了几十卷书,就自高自大起来,冒犯长者,轻慢同辈。大家仇视他像对仇敌一般,厌恶他像对恶鸟那样。像这样用学习来损害自己,还不如不要学习。

3. 司马温公幼时,患记问不若人。群居讲习,众兄弟既成诵,游息矣;独下帷绝编,迨能倍讽乃止。用力多者收功远,其所精诵,乃终身不忘也。

〔译〕司马光幼年时,担心自己记诵诗书以备应答的能力不如别人。大家在一起学习讨论,别的兄弟已经会背诵了,去玩耍休息了;(司马光)独自苦读,放下帷幕不看屋外,把书翻烂,一直到能够熟练地背诵为止,读书时下的力气多,收获就长远,他所精读和背诵过的书,就能终身不忘。

4. 及之而后知,履之而后艰,乌有不行而能知者乎? 披五岳图,以为知山,不如樵夫之一足;谈沧溟之广以为知海,不如估客之一瞥;疏八珍之谱以为知味,不如庖丁之一啜。

〔译〕接触了实际然后才知道真相,实地做了然后才知道困难,哪有不实践就能够知道的呢?翻阅五岳的地图,以为了解山了,实际不如打柴的人上山走一步;谈论大海的广阔,以为懂得海了,实际不如来往于海上的商人在海上望一眼;通晓各种佳肴的菜谱,以为知道美味了,实际不如厨师尝一口。

章　　法

狭义的章法是指诗文布局谋篇的法则,广义的章法则包括修辞等艺术手法。艺术有个性化、独创性的方面,也有共性化、技术性的方面。这里要说的"章法"指后者,即古人为了提升文章的艺术性而采取的语句表达和段落组织上的习惯手法。有的手法在现代人看来是很特殊的,对它们有所了解,能提高我们理解、鉴赏文言文的效率,对于我们写作白话文,也有可供借鉴的价值。

修辞法

古今汉语的修辞格多数是相同的,不同的是少数。下面介绍文言文常见的修辞,重点介绍其在用词和句式上的特点,以及理解这类句子的思路,对其文学表现力稍加论说。

【比喻】

又叫"譬喻""取譬""设喻",俗称"打比方"。是根据甲乙两类不同事物的相似点,用乙事物来比方甲事物。甲事物为本体,乙事物为喻体,两者一般由比喻词联系。根据本体、喻体、比喻词这三个部分的异同和隐现,比喻可分为明喻、隐喻、借喻、倒喻等不同种类。

1. 明喻,又叫"直喻"。本体和喻体先后出现,并有比喻词连结本体和喻体。文言文的比喻词主要有"如""若"等。

⊙ 鹏之背,不知其几千里也;怒而飞,其翼若垂天之云。(《北冥有鱼》)

〔译〕鹏的脊背,真不知道长到有几千里;当它奋起而飞的时候,那展开的翅膀就好像天边的云。

⊙ 从小丘西行百二十步,隔篁竹,闻水声,如鸣珮环,心乐之。(《小石潭记》)

〔译〕从小丘向西走一百二十步,隔着竹林,听到了水声,好像身佩的玉饰相碰撞的声音,我心里高兴起来。

——"珮环"指古人腰带上所佩的玉制装饰品,是以丝绳串联大小不一的玉件而成。这里把听到的水声比作人行走时玉件相碰撞发出的声音。

2. 暗喻,又叫"隐喻"。不用比喻词指明两事物的相似关系,而让本体和喻体直接组合。文言文中暗喻的表达方式主要有以下三种:

(1) 利用判断句的形式构成暗喻,即用表示本体的词语作主语,表示喻体的词语作谓语。

⊙ 曹公,豺虎也。(《资治通鉴·汉纪》)

〔译〕曹操就像豺狼虎豹。

⊙ 法禁者,俗之堤防;刑罚者,人之衔辔。(《后汉书·虞诩传》)

〔译〕法规和禁令就像阻拦世俗的堤坝;用刑和惩罚就像加在人民身上的马嚼子和马缰绳。

(2) 利用并列比照的形式构成暗喻,即将喻体和本体并列表述,前后形成关联比照。一般是本体在前,喻体在后。

⊙ 浮光跃金,静影沉璧。(《岳阳楼记》)

〔译〕浮动的波光如同跳跃的金子,静静的月影如同沉下的玉璧。

⊙ 廊腰缦回,檐牙高啄。(《阿房宫赋》)

〔译〕像腰一样连接各建筑的走廊如绸带般萦回曲折,像牙齿般排列的屋檐如鸟仰首啄物般高高挑起。

——"廊腰"和"檐牙"以"腰""牙"为喻体,是暗喻。"缦回"和"高啄"中未出现帛、鸟之类喻体,属于比拟。

(3) 利用名词作状语的活用构成暗喻,即句子主干是以本体为主语的主谓结构,表示喻体的名词作为状语直接修饰谓语动词,借以描述该动作行为的性质、情状、态势、方式等。

⊙ 斩木为兵,揭竿为旗,天下云集响应,赢粮而景从。(《过秦论》)

〔译〕(陈胜的义军)砍下树木做武器,举起竹竿当旗帜,天下人像云一样聚集,如回声般积极应和,背着粮食像影子一样跟着他。

——"云""响"和"景(影)"作为状语修饰谓语动词"集""应"和"从"。

⊙ 雄州雾列,俊采星驰。(《滕王阁序》)

〔译〕雄伟的名城像雾气一样兴起,英俊的人才像流星一样飞驰。

——"雾"和"星"作为状语修饰谓语动词"列"和"驰"。

(4) 利用偏正结构构成暗喻,即让表示喻体的名词充当表示本体的名词的定语,借以形象地描绘、说明事物的特性。

⊙ **秦,虎狼之国,不可信。**(《屈原列传》)

〔译〕秦国是虎狼一样狡诈残暴的国家,不可信任。

——喻体"虎狼"修饰本体"国"。

3. 借喻,只出现喻体,不出现本体,是本体和喻体融为一体的比喻。

⊙ **燕雀安知鸿鹄之志哉!**(《陈涉世家》)

〔译〕燕雀怎么能知道鸿鹄的凌云壮志啊!

——"燕雀"比喻一同佣耕者,"鸿鹄"比喻陈涉。

⊙ **雷霆乍惊,宫车过也。**(《阿房宫赋》)

〔译〕突然响起雷霆般的声音,是宫车从这里驶过。

——"雷霆"比喻宫车行进时的声音。

要注意借代和借喻的区别。借代和借喻都不出现本体,但借代中的借体都与本体有事实上的相关性(参见"词义派生"中"借代"),而借喻中的喻体与本体实际无关,只在某一特征上相似,如《白雪歌送武判官归京》"忽如一夜春风来,千树万树梨花开","梨花"是春花,不会在冬天出现,这里只是取其白色,借喻树上的积雪。

4. 倒喻,又叫"逆喻",有意颠倒次序,把喻体移置在本体的前面。这在古典诗词中常见,如刘禹锡《竹枝词》:"花红易衰似郎意,水流无限似侬愁。"文言文中也不乏其例。

⊙ 明星荧荧,开妆镜也;绿云扰扰,梳晓鬟也。(《阿房宫赋》)

〔译〕星光闪烁,是她们打开了梳妆的镜子;乌云纷纷扰扰,是她们在梳理早起后的鬟发。

——这里是用判断句表示比喻,但让喻体"明星""绿云"作为主语,本体"妆镜""晓鬟"作谓语。判断句也有解释原因的作用,所以这里也模拟了一个震撼后释惑的心理过程:眼前出现出乎意料的场景,仔细观察和冷静思考后才明白真实情况。需要提醒的是,下句"渭流涨腻,弃脂水也;烟斜雾横,焚椒兰也"不是比喻,因为"腻""烟""雾"是伴随"脂水"和"焚椒兰"的实际存在于眼前之物,不是喻体。

倒喻为了强调喻体而将其移至句首,强化意

象的同时,使本句主语与前文不一致,造成叙述上的跳脱,产生新奇而显豁的艺术魅力。

【比拟】

把一种事物(本体)当成另一种事物(拟体)来描绘。文言文中的比拟,主要是把只能用于拟体的动词用在了本体上。

1. 将包含动作和情绪的动词用于无生命的事物。

⊙ 衔远山,吞长江,浩浩汤汤,横无际涯。(《岳阳楼记》)

〔译〕(洞庭湖)连接着远方的山脉,吞吐着长江的水流,浩浩荡荡,宽广无边。

——"衔",原指动物的口含动作。"吞",原指动物的吞咽动作。这里均用于洞庭湖,使洞庭湖也具有动物所具有的情态。

⊙ 若夫淫雨霏霏,连月不开,阴风怒号,浊浪排空,日星隐曜,山岳潜形。(《岳阳楼记》)

〔译〕(有时)阴雨连绵,接连几个月不放晴,阴冷的风怒吼,浑浊的浪冲向天空,太阳和星辰都隐藏起了光辉,山岳也隐没了形体。

——"怒号",带有人的情绪,描摹出洞庭湖在凄风苦雨中的阴冷险恶。"隐"和"潜"是主动的躲藏的行为,渲染出洞庭湖的风雨景象令人生畏。

⊙ 云归而岩穴暝。(《醉翁亭记》)

〔译〕云雾收拢,山谷就显得昏暗了。

——"归"字把"云"人格化了,这里有聚拢之意。

如果这类动词表达的是独属于人的言行或思想感情,那就是使本体人格化,一般称为"拟人"。

2. 将叙述实体事物的动词用于抽象事物。

⊙ 仰视宇宙之大,俯察品类之盛,所以游目骋怀。(《兰亭集序》)

〔译〕仰头观览宇宙的浩大,俯首察看世间万物的繁多,用来拓展视野,开阔胸怀。

——"游",原指浮物移动,"骋",原指骏马奔驰。这里用以表述"目"(目光)、"怀"(心怀)这样的抽象概念。

比拟和比喻都是两个事物相比,可以增加叙述的形象性和生动性,给人以异乎寻常的感觉。不同之处在于:比喻中必然出现喻体,而比拟中不能出现拟体;比喻句是引入了反常的名词,而比拟句是引入了反常的动词。

【通感】

也叫"移觉"。在叙事状物时,用一种感官上的感觉来比喻另一感官上的感觉,就是用形象的语言将听觉、视觉、嗅觉、味觉和触觉等不同感觉相互沟通起来。

⊙ **歌台暖响,春光融融;舞殿冷袖,风雨凄凄。**
(《阿房宫赋》)

〔译〕听歌的高台上歌声响起,充满暖意,如同春光一般和煦;观舞的宫殿里舞袖摆动,生出寒气,如同风雨交加那样凄冷。

——"响"是听觉,"暖"是触觉,从听觉的响声引起触觉的温暖,是通感,于是用"春光融融"来比喻这种温暖。"袖"是能看到的,是视觉,从舞袖的拂动空气引起"冷"的感觉,即从视觉引出触觉,也是通感,再用"风雨凄凄"来比喻这种冷。

【对偶】

把结构相同或基本相同,字数相等,意义上密切相关的两个短语或句子,对称地排列在一起。这是依靠古汉语单音词多、容易构成配对的特点而产生的一种修辞方法。骈文和律诗讲究对仗工整，上下句字面不能重复，平仄也有严格要求。散文中的一般对偶，只注重意思的对称，并不逐字地讲究工巧的偶俪，字数不等或有个别重复的字也可以。

对偶句在形式方面音节整齐匀称，节律感强，便于记忆，也有增强表意效果的功能。

1. 上下句是并列关系，从两个角度进行叙述或论说，凝练集中，概括力强。

⊙ 是故学然后知不足，教然后知困。知不足，然后能自反也；知困，然后能自强也。（《虽有嘉肴》）

〔译〕所以，学习之后才知道自己的不足，教人之后才知道自己有不懂的地方。知道了自己的不足，然后就能自我反思；知道了自己困惑的地方，然后才能勉励自己。

——论述教与学的关系，双管齐下，更为合理、全面、严谨。

2. 上下句是对比关系。

⊙ 然则是所重者在乎色、乐、珠玉，而所轻者在乎人民也。（《谏逐客书》）

〔译〕那么您看重的只是美色、音乐、珠宝、玉器,而轻视的却是百姓。

⊙ **然则诸侯之地有限,暴秦之欲无厌,奉之弥繁,侵之愈急。**（《六国论》）

〔译〕既然如此,那么诸侯的土地有限,强暴的秦国的欲望是不会满足的,诸侯送土地给秦国越频繁,秦国侵略诸侯就越急迫。

3. 上下句是类比关系,前句是生活常识,后句是真正论说的话题。

⊙ **虽有嘉肴,弗食,不知其旨也;虽有至道,弗学,不知其善也。**（《虽有嘉肴》）

〔译〕虽然有美味的肉食,不去品尝,就不知道其味道的甘美;虽然有最好的道理,不去学习,就不知道它的好处。

——“嘉肴”与“至道”对举,是一组类比,让读者更好地体会到二者的相似性。

4. 上下句是重复关系,类似排比。

⊙ **吾力足以举百钧,而不足以举一羽;明足以察秋毫之末,而不见舆薪。**（《齐桓晋文之事》）

〔译〕我的力气足以举起三千斤的东西,却不能够举起一根羽毛;视力足以看清秋天兽毛的尖端,却看不到整车的柴火。

——两个转折复句虽然分别讲"力"(臂力)与
"明"(视力),但都是为了形容一种拥有的能
力与实际的作为不符的情况。

利用对偶的上下句中同位置的字词性相同、
意义相关的特点,可以确认其中难字的意义。

⊙ 选贤与能,讲信修睦。(《大道之行也》)

〔译〕选举贤能之人当政,讲究信用,建立和睦
关系。

——"与"与"修"对应,不可能是介词,只能理
解为动词,通"举"。

⊙ 急湍甚箭,猛浪若奔。(《与朱元思书》)

〔译〕湍急的水流比箭还快,凶猛的巨浪就像
奔腾的骏马。

——"奔"与"箭"对应,不可能是动词,只能理
解为名词"奔马"。

【排比】

把三个或三个以上结构相似、语气一贯的短
语或句子排列在一起来表达相关的意思。具体形
式可分为三类:

1. 短语排比。

⊙ 庖丁为文惠君解牛,手之所触,肩之所倚,足之所履,膝之所踦,砉然向然,奏刀騞然,莫不中音。(《庖丁解牛》)

〔译〕庖丁给文惠君宰牛,手接触的地方,肩膀倚靠的地方,脚踩的地方,膝盖抵住的地方,砉砉作响,进刀时发出"騞"的声音,没有不合乎音律的。

——"手之所触""肩之所倚""足之所履""膝之所踦"都是偏正结构,共有字"所"构成所字结构,共有字"之"是表示偏正关系的助词。

⊙ 全石以为底,近岸,卷石底以出,为坻,为屿,为嵁,为岩。(《小石潭记》)

〔译〕潭以整块石头为底,靠近岸边,石底周边部分翻卷过来露出水面,成为坻、屿、嵁、岩各种不同的形状。

——"为坻""为屿""为嵁""为岩"都是动宾结构,动词"为"是共有字。

2. 单句排比。这类排比往往用于铺陈和举例。

⊙ 舜发于畎亩之中,傅说举于版筑之间,胶鬲举于鱼盐之中,管夷吾举于士,孙叔敖举于海,百里奚举于市。故天将降大任于是人也，必先苦其心志，劳其筋骨，饿其体肤，空乏其身，行拂乱其所为，所以动心忍性，曾益其所不能。(《生于忧患，死于安乐》)

〔译〕舜从田野耕作之中被起用，傅说从筑墙的劳作之中被起用，胶鬲从贩鱼卖盐中被起用，管夷吾被从狱官手里救出来并受到任用，孙叔敖从海滨隐居的地方被起用，百里奚被从奴隶市场里赎买回来并被起用。所以上天要把重任降临在某人的身上，一定先要使他心意苦恼，筋骨劳累，使他忍饥挨饿，使他身处贫困之中，使他做事不顺，这样来激励他的心志，使他性情坚忍，增加他所不具备的能力。

——"舜发于畎亩之中"以下六句是一个排比，"苦其心志"以下五个句子是另一个排比。每个排比结构的字数虽不一致，但大体相等。

3. 复句排比。这类排比中的每个复句都包含一定的逻辑关系，复句间就构成了类比关系，往往用于议论。

⊙ 然则一羽之不举，为不用力焉；舆薪之不见，

为不用明焉；百姓之不见保，为不用恩焉。（《齐桓晋文之事》）

〔译〕话说回来，一根羽毛没被举起，因为不去用力气；整车的柴火没被看见，因为不去用视力；老百姓没有受到爱护，因为没有去布施恩德。

——这是由三个因果关系复句组成的排比。

⊙ 臣闻求木之长者，必固其根本；欲流之远者，必浚其泉源；思国之安者，必积其德义。（《谏太宗十思疏》）

〔译〕臣听说，谋求树长得好，一定要使它的根扎得稳固；想要水流得远，一定要疏通它的源头；盼望国家安定，一定要累积德行和道义。

——这是三个假设关系复句组成的排比。

排比是一种富于表现力的辞格，其特点是句式匀称，音律铿锵，节奏感强。使用排比的修辞方式可以使语势得到增强，感情得到加深。

排比与对偶有某些类似之处，都是把结构相同或相似、意义相关的句子排列在一起。区别在于：对偶只限两句，而排比都是三句或三句以上；对偶要求字数相等，而排比不过分拘泥于字数的等同；对偶力避字同意同，而排比却以字同意同为常格;对偶的主要作用是两层意思前后映衬,互相补充,排比则是一串相关的意思一气呵成。

【变文】

又叫"同义选用",在相同结构的上下文中,为了避免用词重复,而把一组同义词分置在并列或呼应的句子中来表达,以起到协和音律、增强语势的作用。

⊙ 燕赵之收藏,韩魏之经营,齐楚之精英,几世几年,剽掠其人,倚叠如山。(《阿房宫赋》)

〔译〕燕赵收藏的奇珍,韩魏聚敛的金玉,齐楚保存的瑰宝,都是多少代多少年,从该国百姓那里抢掠来的,堆积如山。

——"收藏""经营""精英"意思没有差别。

⊙ 秦孝公据崤函之固,拥雍州之地,君臣固守而窥周室,有席卷天下,包举宇内,囊括四海之意,并吞八荒之心。(《过秦论》)

〔译〕秦孝公占据着崤山和函谷关的险固关隘,拥有雍州的土地,君臣牢固地守卫着秦地来伺机取代周王室,有全部占有天下,完全控制世界,吸纳周边民族的意愿,吞并边远之地的野心。

——"席卷天下""包举宇内""囊括四海""并吞八荒"意思相同。

【顶真】

又名"联珠",用前句的末尾作下句的开头,使邻接的两句首尾蝉联,上递下接。(本小节用着重号标示顶真)

⊙ 汝心之固,固不可彻,曾不若孀妻弱子。(《愚公移山》)

〔译〕你的思想真顽固,顽固得没法改变,连寡妇和小孩都比不上。

⊙ 世有伯乐,然后有千里马。千里马常有,而伯乐不常有。(《马说》)

〔译〕世上有了伯乐,然后才会有千里马。千里马是经常有的,可是伯乐却不经常有。

⊙ 人非生而知之者,孰能无惑?惑而不从师,其为惑也,终不解矣。(《师说》)

〔译〕人不是生下来就懂得道理的,谁能没有疑惑呢?有了疑惑,如果不跟随老师学习,那些成为困惑的问题,终究不能解决了。

⊙ 秦人不暇自哀,而后人哀之,后人哀之而不鉴之,亦使后人而复哀后人也。(《阿房宫赋》)

〔译〕秦人来不及为自己悲哀,但后人为他们悲哀;如果后人为他们悲哀而不把他们作为鉴戒,也会使更后来的人又为后人悲哀了。

运用顶真,不仅能使句子结构紧凑,前后语气贯通,而且能突出事物与事物之间的密切关系。

【并提】

又叫"合叙""综说""列举分承""并提分承",是把原本结构相同的两个或多个句子中的相同成分归并后组成一句话。这句话前后两部分都有并列短语,前者提出各个话头,后者分别与之相承。我们在理解时,要根据文意理清句子中各成分的搭配关系,将并提句"一分为二",恢复为常态化的两句或多句。

⊙ 自非亭午夜分,不见曦月。(《三峡》)

〔译〕如果不是在正午,就看不到太阳;不是在半夜,就看不到月亮。

——"亭午"对应"曦","夜分"对应"月"。

⊙ 素湍绿潭,回清倒影。(《三峡》)

〔译〕白色的急流中有回旋的清波,绿色的潭水中有倒映出的各种景物的影子。

——"素湍"对应"回清","绿潭"对应"倒影"。

⊙ 若有作奸犯科及为忠善者,宜付有司论其刑赏。(《出师表》)

〔译〕如果有作恶违法或者行事忠诚善良的人,应该交给主管官吏评定对他们的刑罚或嘉奖。

——"作奸犯科"与"刑"相应,"为忠善"与"赏"相应。本句常态化的表达是:"若有作奸犯科者,宜付有司,论其刑;若有为忠善者,宜付有司,论其赏。"

⊙ 句读之不知,惑之不解,或师焉,或否焉。(《师说》)

〔译〕不通晓句读,不能解决疑惑,有的拜师学习,有的却不拜师。

——本句常态化的表达是:"句读之不知,师焉;惑之不解,否焉。"

⊙ 况吾与子渔樵于江渚之上,侣鱼虾而友麋鹿。(《赤壁赋》)

〔译〕何况我同你在江边捕鱼,以鱼虾为伴,在沙洲上砍柴,与麋鹿为友。

——"渔""江""侣鱼虾"为一组,"樵""渚""友麋鹿"为一组。

⊙ 心欲富贵全寿，而今贫贱死夭。(《韩非子·解老》)

〔译〕心里想富裕，但现在贫困；心里想尊贵，但现在低贱；心里想长寿，但现在早夭。

——本句常态化的表达是："心欲富，而今贫；心欲贵，而今贱；心欲全寿，而今死夭。"

并提将几件相关的事情并列在一句中表达，原本几句话中共用的词语只需叙述一遍，这样变分为合，化繁为简，使句子紧凑，文辞灵动。

【互文】

又叫"互文见义""互见""参互"，古人解释为"参互成文，合而见义"。"参互成文"指在连贯性的话语中将本应合在一起说的两个词语分开，在上下句中各出现一个。"合而见义"指上下两句看似各说两件事，实则是互相交错、互相渗透、互相补充来表达一个完整的意思。

1. 对句互文。

⊙ 受任于败军之际，奉命于危难之间。(《出师表》)

〔译〕在兵败危急之时接受任命和承担使命。

——"受任于败军之际"和"奉命于危难之间"，都是动宾加介宾的结构。其中"受任"与"奉命"互相补充，"败军之际"与"危难之间"相互渗透。

⊙ 谈笑有鸿儒，往来无白丁。(《陋室铭》)

〔译〕一起谈笑、互相往来的，有鸿儒，无白丁。

——"谈笑有鸿儒"与"往来无白丁"，都是主谓宾结构。其中状语"谈笑"与"往来"互相补充，动宾短语"无鸿儒"与"有白丁"相互渗透。

⊙ 不以物喜，不以己悲。(《岳阳楼记》)

〔译〕不因为外物的好坏和自己的得失而或喜或悲。

——"不以物喜"和"不以己悲"，都是偏正结构。其中介词宾语"物"和"己"互相补充，谓语"喜"和"悲"相互补充。

2. 本句互文。

⊙ 岸芷汀兰，郁郁青青。(《岳阳楼记》)

〔译〕岸上和小汀上的芷草和兰花郁郁青青。

——"岸芷"和"汀兰"都是偏正结构，其中"岸"和"汀"互补，"芷"和"兰"互补。

⊙ 朝歌夜弦，为秦宫人。(《阿房宫赋》)

〔译〕早晚都鼓琴唱歌，做秦国宫殿里服侍君王的人。

——"朝歌"和"夜弦"都是偏正结构。其中"朝"和"夜"互补，"歌"和"弦"互补。

⊙ 每至晴初霜旦，林寒涧肃。（《三峡》）

〔译〕每到刚刚晴天的时候和降霜的早晨，树林山涧都呈现出清凉冷落的样子。

——"林寒"和"涧肃"，都是主谓结构。其中"林"和"涧"互补，"寒"与"肃"相渗透。

互文与并提有相似之处，都需要前后文联系起来理解。区别在于：互文是把一个意思分在两句中说，而并提是把两个意思合在一句中说。用公式表示的话，互文是写成"A—B，C—D"，表达的意思是"AC—BD"；并提是写成"AB，CD"，表达的意思是"A—C，B—D"。

【委婉】

也叫"婉曲"，指说话行文不直陈本义，而是用婉转的语言曲折地表达自己的意思。使用委婉的场合主要有以下几种：

1. 为尊者讳。古人对于君父尊长的所作所为不敢直说，往往采用拐弯抹角、委婉曲折的说法。

⊙ 行年四岁,舅夺母志。(《陈情表》)

〔译〕我的年纪在四岁的时候,舅舅逼迫母亲改变守寡的志向。

——在封建社会,妇女改嫁被看作是不体面的"失节"之事。李密出生不久父亲便去世了,母亲在他四岁时改嫁而去。李密作为人子不便直言母亲改嫁,就用"舅夺母志"这种委婉说法。

2. 外交辞令。在外交场合表示自己的观点、要求,碍于地位或迫于形势,不便直说,也常常使用委婉的方式来暗示。

⊙ 秦、晋围郑,郑既知亡矣。若亡郑而有益于君,敢以烦执事。(《烛之武退秦师》)

〔译〕秦、晋攻郑国,郑国已经知道自己就要灭亡了。如果郑国灭亡对您有好处,那就冒昧地拿(灭郑这件事)烦劳您的属下。

——灭亡郑国的决策要由秦王做出,这里烛之武面对秦王讲话,出于礼貌,不直接说"烦君",而是说麻烦秦王手下办事的人。

⊙ 项王曰:"沛公安在?"良曰:"闻大王有意督过之,脱身独去,已至军矣。"(《鸿门宴》)

〔译〕项王说:"沛公在哪里?"张良说:"听说大王有意要责备他,脱身独自离开,已经回到军营了。"

——"闻大王有意督过之"是明说刘邦知罪,暗点项羽"击破沛公军"的图谋,"脱身独去"是以狼狈之态示弱于项羽,表现刘邦的畏惧与臣服,而"已至军矣"又有战备已足、不惧较量的意思。

使用委婉的修辞方法使对方容易接受,同时还可增添婉转、含蓄或幽默等各种情味。

【避讳】

也叫"讳饰",说话或写作时遇有犯忌讳的事物,不便、不敢或不愿直接说,而用隐晦曲折的方式来表现。避讳可以认为是一种特殊的委婉语。根据避讳的内容,避讳可分为两类:

1. 名称的避讳。就是在言谈和书写时避免出现君父尊长的名字。其方式一般是改字(取同音字代替)、缺笔(省缺字的笔画)、改音(取同义字代替)等。

⊙ 怨不在大,可畏惟人。(《谏太宗十思疏》)

〔译〕怨恨不在于大小，可畏惧的是百姓心怀怨恨。

——"可畏惟人"，典出《尚书·大禹谟》："可爱非君？可畏非民？""人"本应写作"民"，因避皇帝李世民之名讳而写作"人"。

2. 对某些不祥、不洁事物的避讳。例如，古人讳病讳死，说话时，遇到"病""死"这类字眼，就想方设法用其他话语来代替。如用"百年之后"讳"死"，用"更衣"讳"上厕所"。

【用典】

也称为"用事""隶事"，用较少的词语拈举特定的古事或古语以表达较多的今意。"典"的意思是旧有的，也称为"典故"。

⊙ 悟已往之不谏，知来者之可追。实迷途其未远，觉今是而昨非。（《归去来兮辞》）

〔译〕我认识到过去的错误是不可挽回了，也明白将来的事可以弥补。我确实走入迷途还不算太远，觉悟到现在（的选择）是对的，过去是错的。

——前两句典出《论语·微子》："凤兮，凤兮，何德之衰？往者不可谏，来者犹可追。"第三句典出屈原《离骚》："回朕车以复路兮，及行迷之未远。"

⊙ 杨意不逢，抚凌云而自惜；钟期既遇，奏流水以何惭？（《滕王阁序》）

〔译〕（如果我）遇不到杨得意那样的引荐者，只能抚摸着"飘飘有凌云之气"的文章叹惋自己的文才；（现在我）遇到钟子期那样的知音，演奏高山流水的乐曲时怎么会羞愧呢？

——"杨意不逢"见《汉书·司马相如传》。杨得意推荐司马相如给汉武帝，司马相如写出了《大人赋》。这里反用典故，表示作者（王勃）有才而不得赏识。"钟期既遇"见《列子·汤问》，是说钟子期理解俞伯牙的琴意，在这里表示作者今日参与盛会受到尊重，就不再客气而要作诗作序。

⊙ 逝者如斯，而未尝往也。（《赤壁赋》）

〔译〕江水像这样不断地流去，但并没有消逝。《论语·子罕》："逝者如斯夫，不舍昼夜。"原意是形容时光流逝，作者借以表达长江水的不尽流淌。

⊙ 骨已尽矣，而两狼之并驱如故。（《狼》）

〔译〕骨头已经扔完了，两只狼像原来一样一起追赶。

——《诗经·齐风·还》："并驱从两狼兮。"原意是两人并驱，追赶两狼。蒲松龄活用这个典故，说成"两狼并驱"。

文言文用典有三个特征：

1. 基本是暗用典故，就是不指明出处，也不完整叙述整个典故，而是拈出典故中的一两个词语化入自己的文字；

2. 所引的古事古语是特定的，也就是有明确的出处，可以通过文中所用词语定位到典籍中的某段话；

3. 用典是引古以说今，表达的是当下的事件、意见、情感，这是与议论中的引用有区别的地方。

【割裂】

也叫"藏词"，是指在引用古籍时，不完整引用原句，而只截取其中的一两个词语，来代替整个成语或典故。有时甚至不惜割开语句，把真正要说的内容隐藏起来，只用上下文里其他的词来代替。比如"而立之年"的"而立"为虚词"而"加动词"立"，并非完整的结构，本无意义。这是借"而立"

关联到《论语·为政》"三十而立",表示三十岁。

⊙ 载舟覆舟,所宜深慎。(《谏太宗十思疏》)

〔译〕他们像水一样能够负载船只,也能颠覆船只,这是应当深切戒慎的。

——"载舟覆舟"只是两个并列的动宾结构,意义不完整。这是截取了《荀子》里《王制》《哀公》两篇都引用的古训:"君者,舟也;庶人者,水也;水则载舟,水则覆舟。"《哀公》在引用后还有孔子的议论:"君以此思危,则危将焉而不至矣。"所以,"载舟覆舟"截取的古训及其隐喻的执政危机,才是魏征引用并希望太宗"所宜深慎"的。

这种修辞是用曲折的方式实现对典籍文句的引用,同时让字词组合脱离正常的语法结构,由此造成行文的古奥典雅。我们不如古代作者和读者熟悉典籍,遇到这类情况不能望文生义。查阅注译本是比较好的解决方法,有条件的可以在四书五经等古人必读书中检索难解的词,以便找到被割裂使用的原句。

【仿拟】

又叫"规仿""摹拟"。按照古人文章里现成语

句的句法仿造句子。古诗文里有不少脍炙人口的名句,就是点化前人作品而成的,有的甚至连字面也很少改易:

⊙ 后之视今,亦犹今之视昔。(《兰亭集序》)

〔译〕后人看我们今天的作品,也跟我们看待过去人的作品一样。

——仿拟《汉书·京房传》:"臣恐后之视今,犹今之视前也。"

⊙ 六王毕,四海一,蜀山兀,阿房出。(《阿房宫赋》)

〔译〕六国灭亡,天下一统,蜀地的山都被砍光了树木,阿房宫建成了。

——起句三字用韵,仿拟陆倕《长城赋》:"千城绝,长城列。秦民竭,秦君灭。"

⊙ 落霞与孤鹜齐飞,秋水共长天一色。(《滕王阁序》)

〔译〕晚霞和离群的野鸭一起飞翔,秋天的江水与辽阔的天空连成一片。

——仿拟庾信《三月三日华林园马射赋》:"落花与芝盖齐飞,杨柳共春旗一色。"

近现代作品中也有仿拟的句子,比如梅贻琦

在 1931 年就职国立清华大学校长演讲时说:"所谓大学者,非谓有大楼之谓也,有大师之谓也。"这是仿拟《孟子·梁惠王下》的"所谓故国者,非谓有乔木之谓也,有世臣之谓也"。

除了语句的仿拟,还有文体的仿拟,即文章在整体的结构、语调上沿袭前人作品,比如清人仿《陋室铭》作《陋吏铭》。这就涉及文学样式的发展,而不属于修辞的范围了。

【省字】

也叫"节缩",即凭借一定语言环境对某些名词加以省减或略写,以使语言含蓄精练、音节协和。常见于姓名、谥号、官职、地名的省略。

⊙ 杨意不逢,抚凌云而自惜;钟期既遇,奏流水以何惭?(《滕王阁序》)

〔译〕(如果我)遇不到杨得意那样的引荐者,只能抚摸着"飘飘有凌云之气"的文章叹惋自己的文才;(现在我)遇到钟子期那样的知音,演奏高山流水的乐曲又怎么会羞愧?

——"杨意""钟期"即是"杨得意""钟子期"的省称,这是姓名的省略。

省字一类还包括书名、篇名、年号名等的省略。

【插说】

又叫"插注""自释"。在叙述一件事时,插入一些对概念解释说明的话。这类似现代文的加脚注。采用现代标点的话,可以把这些插入的内容用括号括出,或用破折号引出。

⊙ 邹忌修八尺有余,而形貌昳丽。朝服衣冠,窥镜,谓其妻曰:"我孰与城北徐公美?"其妻曰:"君美甚,徐公何能及君也?"——城北徐公,齐国之美丽者也。忌不自信,而复问其妾曰:"吾孰与徐公美?"(《邹忌讽齐王纳谏》)

〔译〕邹忌身高八尺多,容貌美丽。有一天早晨,他穿戴好衣帽,照着镜子,对他的妻子说:"我同城北徐公比,哪个更美?"他妻子说:"您美极了,徐公怎能比得上您呢?"——城北的徐公,是齐国的美男子。邹忌不相信自己会比徐公美,就又问他的妾:"我同徐公比,谁美?"

⊙ 项王即日因留沛公与饮。项王、项伯东向坐;亚父南向坐,——亚父者,范增也;沛公北向

坐；张良西向侍。(《鸿门宴》)

〔译〕项王当天就留下刘邦，和他饮酒。项王、项伯朝东坐；亚父朝南坐，——亚父就是范增；刘邦朝北坐；张良朝西陪侍。

⊙ 沛公则置车骑，脱身独骑，与樊哙、夏侯婴、靳强、纪信等四人(持剑盾步走)，从郦山下，道芷阳间行。(《鸿门宴》)

〔译〕刘邦就丢下车辆和随从人马，独自骑马脱身，带着樊哙、夏侯婴、靳强、纪信四人(拿着剑和盾牌步行)，沿着郦山脚下，取道芷阳，从小路走。

⊙ 左臂挂念珠倚之——珠可历历数也。(《核舟记》)

〔译〕左臂挂着念珠挨着左膝——念珠可以清清楚楚地数出来。

理解有插说的段落时，不要让插入的话把前后的文意隔断，而要把前后的文意连起来读。

叙事法

古人在叙述人物或事件时，特别注意处理虚实、详略的关系，凸显出叙述内容的脉络和轮廓，以加深读者的印象。同时追求含蓄不尽,以增加文章的信息容量,耐人寻味。

【叙用三叠】

古人在叙述某一件事情的时候,经常特意构造三个递进的层次,使情节形成一种层进式的反复,以突出要点,曲折尽意。比如《邹忌讽齐王纳谏》就有六个这样的三段式:

① 邹忌与妻、妾、客三问三答;

② 邹忌"孰视""窥镜""暮寝"三次反思;

③ 邹忌"思我""畏我""有求于我"三个分析;

④ 邹忌进言威王时"宫妇左右""朝廷之臣""四境之内"三个类比;

⑤ 威王令中所求"刺""谏""谤讥"三种谏言和"上赏""中赏""下赏"三种赏格;

⑥ "令初下""数月之后""期年之后"三个阶段的三种成效。

还有《曹刿论战》中曹刿与鲁庄公关于"何以战"的三轮答对,也是三叠法。

【前后照应】

行文时回照、应合上文的笔法。它能使文气

畅通、线索一贯。

⊙ 他植者虽窥伺效慕，莫能如也。……他植者
则不然。根拳而土易，其培之也，若不过焉则
不及。(《种树郭橐驼传》)

〔译〕其他种树的人虽然暗中观察然后效仿，
也没有谁能比得上他。……其他的种树人却
不是这样，树根拳曲并且换了新土，他们给树
培土的时候，如果不是超过了所需的密实程
度，就是没有达到。

——前文叙述郭橐驼和其他种树人在种树效
果上的差距，后文由郭橐驼讲出两者行为上
的差别，解释了前文。

⊙ 少焉，月出于东山之上，徘徊于斗牛之间。白
露横江，水光接天。……桂棹兮兰桨，击空明
兮溯流光。……哀吾生之须臾，羡长江之无
穷。挟飞仙以遨游，抱明月而长终。……苏
子曰："客亦知夫水与月乎？逝者如斯，而未
尝往也；盈虚者如彼，而卒莫消长也。……惟
江上之清风，与山间之明月，耳得之而为声，
目遇之而成色，取之无禁，用之不竭。是造物
者之无尽藏也，而吾与子之所共适。"(《赤
壁赋》)

〔译〕一会儿,月亮从东山上升起,在斗宿和牛宿之间移动。白茫茫的水汽布满江面,波光连着天空。……桂木做的棹啊兰木做的桨,桨划破月光下的清波啊,船儿在月光浮动的水面上逆流而上。……哀叹我的生命是如此短暂,羡慕长江的永无穷尽。(希望)胳膊下夹着飞行的仙人去遨游,怀抱明月一起长存。……苏先生说:"你也懂得那江水和月亮吗? 江水像这样不断地流去,但并没有消逝;月亮像那样时圆时缺,却最终没有增减。……只有这江上的清风和山间的明月,耳朵听到了就成为声音,眼睛看到了就成为色彩,怎样获取都无人禁止,怎样使用也不会用完,这是大自然无穷无尽的宝藏,并且我和你可以共同享受。"

——"水""月"二字,通篇照应。前文作为景物,中部"歌曰""客曰"各托以抒喜悲之情,后文借以说理。

【称谓变化】

在叙事中,对同一人采取不同的称呼,表达不同的情感态度。以《鸿门宴》为例,同样是称项羽,各处多有不同：

⊙ 良曰："料大王士卒足以当项王乎？"

〔译〕张良说："估计大王的军队能比得上项王吗？"

——刘邦集团内部称项羽为"项王"，说明项羽在当时人心目中的地位。

⊙ 沛公旦日从百余骑来见项王，至鸿门，谢曰："臣与将军戮力而攻秦。"

〔译〕刘邦第二天早晨带着一百多人马来见项王，到了鸿门，（向项王）道歉说："我和将军合力攻打秦国。"

——刘邦当面称项羽为"将军"，既谦恭又不过分阿谀，说明刘邦要表明自己的地位与项羽相匹敌。项羽和刘邦同受怀王之命，各率一军分路攻秦，巨鹿之战后项羽成为"诸侯上将军"，地位更高。

⊙ 项王曰："此沛公左司马曹无伤言之，不然，籍何以至此？"

〔译〕项王说："这是沛公的左司马曹无伤说的。不是这样的话，我怎么会（生气）到这个地步？"

——"籍"是项羽的名，字是尊称，名是谦称。

刘邦一番谦恭卑微的说辞令项羽的自尊和虚荣得到了最大限度的满足，因而自降身份，与刘邦拉近关系。

⊙ 庄则入为寿。寿毕，曰："君王与沛公饮，军中无以为乐，请以剑舞。"

〔译〕项庄就进去敬酒。敬完酒，说："大王与沛公饮酒，军营里没有什么可以作为娱乐的，请让我舞剑吧。"

——这里的"君王"是项羽部下在刘邦等人面前对项羽的称呼，透露项羽及其集团的图谋。同时称刘邦为"沛公"，与"君王"形成对比，宣示项羽的地位。

⊙ 樊哙曰："……今沛公先破秦入咸阳，毫毛不敢有所近，封闭宫室，还军霸上，以待大王来。……窃为大王不取也！"

〔译〕樊哙说："……现在沛公先打败秦军进了咸阳，财物一点儿都不敢靠近，封闭了宫室，军队退回到霸上，来等待大王到来。……我私下替大王感到不该采取（这种做法）啊！"

——樊哙当面称项羽为"大王"，是满足项羽沽名钓誉的虚荣心，也缓和了鸿门宴剑拔弩张、一触即发之势。

⊙ 良问曰："大王来何操?"曰："我持白璧一双,
欲献项王,玉斗一双,欲与亚父。"

〔译〕张良问："大王来时带了什么东西?"(刘
邦)说："我带了一对玉璧,想献给项王;一双
玉斗,想送给亚父。"

——刘邦在自己部下面前称项羽为"项王",
承认项羽的强势地位。那么上文的刘邦当面
称项羽"将军",只是自占身份罢了。

【借宾形主】

通过陪衬叙述来映带和突出文章主旨。姚鼐
说："文莫妙于宾主,无宾则正位不透,无宾则出落
亦不醒;必有满堂书吏,方显官之尊严也。"(《文法
直指》)

⊙ 庭下如积水空明,水中藻荇交横,盖竹柏影
也。(《记承天寺夜游》)

〔译〕庭院中的月光如积水般清明澄澈,仿佛
有藻、荇交错其中,大概是竹子和柏树的影
子吧。

——"积水空明"是比喻月光,"藻荇交横"是
比喻竹柏影。这里是借影的多姿凸显月色的
迷人。

⊙ 驼所种树，或迁徙，无不活，且硕茂，早实以蕃。他植者虽窥伺效慕，莫能如也。（《种树郭橐驼传》）

〔译〕橐驼种的树，或者移植的树，没有不成活的，而且长得高大茂盛，结果实早而且多。其他种树的人虽然暗中观察然后效仿，也没有谁能比得上他。

——用他植者的"窥伺效慕"映照出郭橐驼种树效果的出众，用他植者的"莫能如也"衬托出郭橐驼种树技能的不凡。

【不写之写】

在描述对象时，既生动而逼真地写出绝大部分，给读者以形象具体的感受，又留下某些空白不写，以激发读者的想象来弥补作者笔触未到之处，形为"不写"，实则已"写"。

⊙ 康肃问曰："汝亦知射乎？吾射不亦精乎？"翁曰："无他，但手熟尔。"康肃忿然曰："尔安敢轻吾射！"翁曰："以我酌油知之。"乃取一葫芦置于地，以钱覆其口，徐以杓酌油沥之，自钱孔入，而钱不湿。因曰："我亦无他，惟手熟尔。"康肃笑而遣之。（《卖油翁》）

〔译〕陈尧咨问卖油翁："你也懂得射箭吗？我的箭法不很高明吗？"卖油的老翁说："没有别的奥妙，不过是手法熟练罢了。"陈尧咨听后气愤地说："你怎么敢轻视我射箭的本领！"老翁说："凭我倒油的经验就可以懂得这个道理。"于是拿出一个葫芦放在地上，把一枚铜钱盖在葫芦口上，慢慢地用油杓舀油注入葫芦里，油从钱孔注入而钱却没有湿。于是说："我也没有别的奥妙，只不过是手法熟练罢了。"陈尧咨笑着将他送走了。

——文段对两人的刻画方法是不同的。对陈尧咨，接连用三个反问句凸显其骄横无礼，率真暴躁，"忿然"之情，溢于言辞之间。而对于卖油翁的对答则轻描淡写，简单得只有"翁曰"二字，至于他说话时神态如何，心情怎样，作者均未渲染。不渲染其实就是最大的渲染，不动声色之间表现的是老头儿的沉稳老练、从容自若。

这种不写之写，是读者可以根据上下文，根据对人物一贯的性格、行为逻辑、情感取向推测到的，但又不能完全说明白，从而使艺术具有含蓄隽永、味之无穷的韵致和品格。

【事中见意】

叙述事件时,作者不插入评价,而是借文中人物的语言作出评论,使全篇的用意都显露出来。这种写法的好处是让事件不受干扰地发展下去。人物的好坏、行事的是非在情节发展中自然呈露。

⊙ 此中人语云:"不足为外人道也。"(《桃花源记》)

〔译〕村里的人对他说:"我们这个地方不值得对外面的人说啊。"

——点明了桃花源内外之别,暗示了外人难以追寻、不愿追寻此世外之境。结尾"遂迷,不复得路"和"后遂无问津者"是从叙事上说明这一主旨。

⊙ 因曰:"我亦无他,惟手熟尔。"(《卖油翁》)

〔译〕(卖油翁)于是说:"我也没有别的奥妙,只不过是手法熟练罢了。"

——"手熟"是技艺的本质,"无他"是谦虚的态度。这就是为了说明熟能生巧的道理,提倡从容谦逊的品德。

⊙ 范增起,出,召项庄,谓曰:"君王为人不忍。"(《鸿门宴》)

〔译〕范增起身,出去召来项庄,说:"大王为人心地不狠。"

——借范增的埋怨解释项羽的迟疑,并对项羽的性格作出评论。

以叙事为主的文章需要读者从人物、情节中去参悟作者的用意。读者只要注意到了这些点睛之笔,就不会对作者的用意有误解。

议论法

古人作论,首重立意,把鲜明有力的观点放在突出的位置。展开论述时,往往不着力于归纳、演绎等逻辑推理,而是运用对比、铺陈等手段形成文章的气势。

【按断】

先用一组句子提供根据,再用一句话给出判断、结论。这是按断复句的拓展形式。

⊙ 沛公居山东时,贪于财货,好美姬。今入关,财物无所取,妇女无所幸,此其志不在小。

(《鸿门宴》)

〔译〕沛公在崤山以东的时候，贪恋财物，喜欢美女。现在进了函谷关，财物不去掠取，妇女不去宠幸，这说明他的志向不在小处。

——"此其志不在小"前是入关前后的两组并列句，作为"按"，"此其志不在小"为"断"。

【设问】

观点早已明确，为了引起对方的注意和思考，掀起表述的波澜，而故意提出问题。设问可以分为两种：

1. 作者明知故问，自问自答。

⊙ 嗟夫！予尝求古仁人之心，或异二者之为，何哉？不以物喜，不以己悲，居庙堂之高则忧其民，处江湖之远则忧其君。是进亦忧，退亦忧。然则何时而乐耶？其必曰"先天下之忧而忧，后天下之乐而乐"乎！（《岳阳楼记》）

〔译〕唉！我曾经探求古代品德高尚的人们的心思，或许不同于（以上）这两种表现，为什么呢？（因为他们）不因为外界环境的好坏或喜或忧，也不因为自己心情的好坏或乐或悲。处在高高的庙堂上，则为平民百姓忧虑；处在荒远的江湖中，则替君主担忧。这样（他们）

进朝为官也忧虑,退居江湖为民也忧虑。那么什么时候才快乐呢? (他们)一定会说"在天下人忧虑之前忧虑,在天下人享乐之后享乐"吧!

⊙ 齐人未尝赂秦,终继五国迁灭,何哉? 与嬴而不助五国也。(《六国论》)

〔译〕齐国不曾向秦国割地求和,最后也随着五国灭亡,为什么呢? 这是因为它亲附秦国而不帮助五国。

2. 作者假设有人提出问题,然后自己回答。

⊙ 或曰:六国互丧,率赂秦耶? 曰:不赂者以赂者丧。盖失强援,不能独完。故曰:弊在赂秦也。(《六国论》)

〔译〕有人说:六国相继灭亡,都是因为向秦国割地求和吗? 回答说:不割地的国家由于割地的国家而灭亡。因为失去了强有力的援助,不能单独保全。所以说:弊病在于向秦国割地求和啊。

除了引人注意、启发思考,设问还能起到提纲挈领而使文章层次分明、结构紧凑的作用。

【类比】

根据两种事物在某些特征上的相似,做出他们在其他特征上也相似的结论。它往往采取比喻句的形式,但不同于比喻的立足于一个相似点,类比基于两个以上的相似点,相似点间有逻辑关系,或者作者试图建立起逻辑关系。

⊙ 以若所为,求若所欲,犹缘木而求鱼也。(《齐桓晋文之事》)

〔译〕以这样的做法,去谋求这些想要的东西,就像爬到树上去找鱼。

——"若所为"指齐王"兴甲兵,危士臣,构怨于诸侯"等行为,"若所欲"指齐王"辟土地,朝秦楚,莅中国而抚四夷"等志愿。它们与"缘木"的行为和"求鱼"的目的之间形成对应关系。相似点一是行为和目的方向相反,二是不会取得效果。

⊙ 以地事秦,犹抱薪救火,薪不尽,火不灭。(《六国论》)

〔译〕用土地侍奉秦国,好像抱着柴去救火,柴不烧完,火不会熄灭。

——薪是助长火的,就像割让土地给秦国,会增长秦国的野心，引来秦国更大的侵害。这是一组相似点。"薪不尽，火不灭"就可以推导出关于六国的另一个相似点：六国的土地不割让完，秦国的野心和侵害不会停止。

类比还常由排比句构成：

⊙ 故木受绳则直，金就砺则利，君子博学而日三省乎己，则知明而行无过矣。（《劝学》）
〔译〕所以木材经过墨线比量（加工）就直了，金属刀具放到磨刀石上（磨过）就锋利了，君子广泛地学习而且每天对自己检查、省察，那就能见识明达并且行为没有差失了。

类比能深入浅出地说明一个道理，增强文章的说服力。

【层递】

让若干有高低、深浅、大小、多少、远近、轻重等差别的事物，按照一定的逻辑关系层层递进或递退排列，从而有顺序、有层次地表达某种事理。

⊙ 域民不以封疆之界，固国不以山溪之险，威天下不以兵革之利。（《得道多助，失道寡助》）
〔译〕使百姓定居下来（而不迁到其他的地方

去),不能依靠划定疆域的界限,巩固国防不能靠山河的险要,震慑天下不能靠武力的强大。

——"域民""固国""威天下"等由小到大,由轻及重,层层递进。

⊙ 得道者多助,失道者寡助。寡助之至,亲戚畔之;多助之至,天下顺之。以天下之所顺,攻亲戚之所畔,故君子有不战,战必胜矣。(《得道多助,失道寡助》)

〔译〕能施行"仁政"的君王,支持帮助他的人就多;不能施行"仁政"的君主,支持帮助他的人就少。支持帮助他的人少到了极点,连内外亲属也会背叛他;支持帮助他的人多到了极点,天下所有人都会归顺他。凭着天下人都归顺他的条件,去攻打那连亲属都反对背叛的君主,所以能行"仁政"的君主不战则已,(如果)战斗就一定会取得胜利。

——从道之"得"与"失",讲到"多助"和"寡助",再讲到人心之"畔"和顺,最后讲到以"所顺"攻"所畔",连锁推理,步步进逼。

有时一大段文章,读起来层次分明,有条不紊,就是因为文中有一些结构相似的语句在起着承上启下的关联和递进的作用。

【擒纵】

在辩论中先放开一步，替对方把他的意思说完，然后再驳倒对方。来裕恂《汉文典》："宜擒纵有方：擒纵者，如猫之捕鼠，欲纵先擒，欲擒先纵。文章有擒纵，则不平矣。"

⊙ 秦、晋围郑，郑既知亡矣。若亡郑而有益于君，敢以烦执事。越国以鄙远，君知其难也，焉用亡郑以陪邻？邻之厚，君之薄也。若舍郑以为东道主，行李之往来，共其乏困，君亦无所害。且君尝为晋君赐矣，许君焦、瑕，朝济而夕设版焉，君之所知也。夫晋，何厌之有？既东封郑，又欲肆其西封，若不阙秦，将焉取之？阙秦以利晋，唯君图之。（《烛之武退秦师》）

〔译〕秦、晋两国围攻郑国，郑国已经知道要灭亡了。如果灭掉郑国对您有好处，那就冒昧地拿（灭郑这件事）来麻烦您的手下。越过别国把远方的郑国作为秦国的边境城邑，您知道这是困难的。哪里用得着灭掉郑国来增加邻国的土地呢？邻国的势力增强了，就等于您的势力减弱了。如果您放弃围攻郑国而把它作为东方道路上（招待过客）的主人，外交使者来往时，郑国供给他们缺少的资粮，您也没有什么害处。而且您曾经给予晋惠公恩惠，他答应给您焦、瑕这两个地方，但他早上渡过黄河（回国），晚上就在对岸修筑防御工事，这是您知道的事。晋国，怎么会有满足（的一天）呢？在东边使郑国成为它的边境，又想扩大西边的疆域，如果不削弱秦国，将从哪里取得土地呢？削弱秦国来使晋国得利，希望您考虑这件事。

——整段话欲擒故纵。"秦、晋围郑，郑既知亡矣"，站在秦国的立场上说话，引起秦伯的好感，这是"纵"。接着指出，秦、郑相隔遥远，晋、郑近邻，因此亡郑只是对晋国有利，对秦国不但没有利益可言，反而会因"邻之厚"而显得"君之薄"，这是"擒"。接着，又以利引诱秦伯，阐明郑国存在对秦国可能有的种种好处，这又是"纵"。最后挑拨离间秦晋两国的关系，这又是"擒"。

【垫高】

在陈述直接证明观点的事实之外，用大量笔墨去铺陈渲染另一面的事实，两方面的内容形成急转，引起震撼效果。垫高好比提高水位，使水落下去时更为有力。

有的把垫高的内容放在正说内容的前面，称为"上垫"：

⊙ 诸侯恐惧，会盟而谋弱秦，不爱珍器重宝肥饶之地，以致天下之士，合从缔交，相与为一。当此之时，齐有孟尝，赵有平原，楚有春申，魏有信陵。此四君者，皆明智而忠信，宽厚而爱人，尊贤而重士，约从离衡，兼韩、魏、燕、楚、齐、赵、宋、卫、中山之众。于是六国之士，有宁越、徐尚、苏秦、杜赫之属为之谋，齐明、周最、陈轸、召滑、楼缓、翟景、苏厉、乐毅之徒通其意，吴起、孙膑、带佗、倪良、王廖、田忌、廉颇、赵奢之伦制其兵。尝以十倍之地，百万之众，叩关而攻秦。秦人开关延敌，九国之师，逡巡而不敢进。秦无亡矢遗镞之费，而天下诸侯已困矣。（《过秦论》）

〔译〕诸侯害怕了，集会结盟来商议削弱秦国，不吝惜珍奇的器物、贵重的宝物和肥沃富饶的土地，来招揽天下的人才，采用联合拒秦的策略，缔结盟约，互相交好，成为一体。在这个时候，齐国有孟尝君，赵国有平原君，楚国有春申君，魏国有信陵君。这四位封君，都英明智慧并且真诚守信，待人厚道并且爱护人民，尊重贤才而且重用士人，订立联合抗秦的协定，拆散各国与秦的单独结盟，联合韩、魏、燕、楚、齐、赵、宋、卫、中山的军队。在这时，六国的士人，有宁越、徐尚、苏秦、杜赫等人为他们出谋划策，齐明、周最、陈轸、召滑、楼缓、翟景、苏厉、乐毅等人沟通他们的意图，吴起、孙膑、带佗、倪良、王廖、田忌、廉颇、赵奢等人管理他们的军队。他们曾经用十倍于秦的土地，上百万的军队，攻打函谷关来进攻秦国。秦人敞开关口引入敌人，九国的军队犹豫徘徊着不敢入关。秦人没有丢失一支箭、一个箭头那样的消耗，但天下的诸侯已经非常窘迫了。

——关于秦国击破六国合纵，"秦人开关延敌"起的两句已可以说清楚。但贾谊认为这样说力量还不够，还要加强，就又写出当时有四公子出来联合六国和宋、卫、中山,有许多谋士在出谋划策,有许多外交家在进行联络,有许多兵家在统率军队。面对如此强敌,秦国仍从容应对,更显出秦的绝对优势。

有的把垫高的内容放在正说内容的后面,称为"下垫":

⊙ 所以谓人皆有不忍人之心者,今人乍见孺子将入于井,皆有怵惕恻隐之心,非所以内交用于孺子之父母也,非所以要誉于乡党朋友也,非恶其声而然也。(《人皆有不忍人之心》)

〔译〕我说每个人都有怜悯心理的原因,是假如人们忽然看到一个小孩将要掉进井里,都会产生惊惧同情的心理,这不是用来跟孩子的父母结交,不是用来向乡邻朋友中博取声誉,不是厌恶这孩子的哭叫声才产生这种心理的。

——为了说明"人皆有恻隐之心",就用看到孩子要掉进井里这个例子。说到"皆有怵惕恻隐之心"意思已经清楚,孟子认为不够,还要加强,于是加了三个否定句作下垫,说明人们去救这个孩子,毫无别的企图。这样一垫,使得孟子要说明的恻隐之心是自然流露这点更为有力。

【反振】

正面陈说观点后，再假设反面的情况，来辅助论说。反振可以产生波澜，提振文章的气势。

⊙ 此四君者，皆以客之功。由此观之，客何负于秦哉！向使四君却客而不内，疏士而不用，是使国无富利之实，而秦无强大之名也。（《谏逐客书》）

〔译〕这四位国君，都是依靠了客卿的功劳。由此看来，客卿有什么地方对不起秦国呢！假使这四位君王拒绝宾客而不接纳，疏远这些贤士而不加任用，这就使国家得不到富有财利之实力，而秦国也不会有国力雄厚的名声了。

⊙ 臣闻求木之长者，必固其根本；欲流之远者，必浚其泉源；思国之安者，必积其德义。源不深而望流之远，根不固而求木之长，德不厚而思国之理，臣虽下愚，知其不可，而况于明哲乎！（《谏太宗十思疏》）

〔译〕臣听说，谋求树长得好，一定要使它的根扎得稳固;想要水流得远,一定要疏通它的源头;盼望国家安定,一定要累积德行和道义。源头不深却希望水流得远,树根不稳固却谋求树木长得好,德行不深厚却期盼国家安定,我虽然极其愚昧,也知道这是不可能的,更何况您这样明智的人呢!

【引用】

也叫"引证",在文章中引用古人的言论或事迹,以增强行文的表现力,生动简练地说明问题。按引用的方式可分为明引、暗引;按引用的内容可分为引言、引事。

1. 引言,是引用古人的话或古书中的句子。因所引多为儒家经典,故又称为"引经"。

明的引言直接说出引文的出处,或书名,或作者,使人一看便知。

⊙《书》曰:"满招损,谦受益。"忧劳可以兴国,逸豫可以亡身,自然之理也。(《五代史伶官传序》)

〔译〕《尚书》说:"自满招致损失,谦虚得到好处。"忧虑和辛劳可以兴盛国家,安逸享乐会丢掉自己的性命,这是不以人的意志为转移的道理。

　　暗的引言不指明引文出处,直接把引文和本文合在一起,使人分不清哪是引文,哪是本文。这时往往使用了割裂修辞。

⊙ **奔车朽索,其可忽乎?**(《谏太宗十思疏》)

〔译〕(治国就像)用朽烂的绳索驾驭奔驰的马车,怎么可以轻视呢?

——"奔车朽索"暗引《尚书·五子之歌》:"予临兆民,懔乎若朽索之驭六马,为人上者,奈何不敬?"魏征用"奔车"替换"六马",是为了与上文的"覆舟"相应。"奔"与"朽"的反差营造出极其危险的情境,用来形容为君者对下民的敬惧。

　　2. 引事,就是援引古人的事迹来阐明自己的观点,又叫"稽古"。

　　明的引事明确指出古人姓名,使人一目了然。

⊙ **然盘庚之迁,胥怨者民也,非特朝廷士大夫而已;盘庚不为怨者故改其度,度义而后动,是而不见可悔故也。**(《答司马谏议书》)

〔译〕盘庚迁都时,怨恨他的是老百姓,并不仅仅是朝廷士大夫而已;盘庚不因为有人怨恨就改变自己的计划,考虑到这样做合宜就采取行动,是因为他认为自己做得正确且看不出有什么可以后悔的地方啊。

——盘庚是商朝第二十位君主。即位之初,商朝国都位于黄河以北的奄(今山东曲阜)。为解决水患引起的经济、社会问题,盘庚决定迁都。当时商朝已经五次迁都,因此民众都发怨言。大多数贵族贪图安逸,也不愿意搬迁。但盘庚没有动摇决心,耐心劝说他们,终于率众西渡黄河来到殷(今河南安阳),史称"盘庚迁殷"。从此,政局稳定,诸侯来朝,商朝遂强盛起来。这里引"盘庚之迁",说明对合理而必要的事应该力排众议去做,为自己坚持变法提供论据。

暗的引事不指明是谁的事迹,只将事迹要点写入文中。读者得花一番功夫去分析,否则是不易搞清楚的。

⊙ 酌贪泉而觉爽,处涸辙而相欢。

〔译〕喝了贪泉的水却觉得畅快,处在贫困的境地却能共享欢乐。

——"贪泉"出自《晋书·吴隐之传》。吴隐之任广州刺史,当地有贪泉,传说人饮其水会起贪心,吴隐之酌而饮之,始终保持清廉操守。"涸辙"出自《庄子·外物》。庄子出行,看到水干了的车辙里有一条小鲫鱼。鲫鱼向庄子请求一升半斗的水来救命。

开头法

文章开头要领起全文,但未必直接亮明主旨。林纾《春觉斋论文》说:"领脉不宜过远,远则入题时煞费周章;着手不宜太突,突则转旋处殊无余地。"以下起笔方法,除"直起"外,都是有意造成开头与主旨的距离,使文章获得由虚到实、由反到正、由彼到此等变化。

【直起】

直截了当地切入文题或点明中心,以领起全文。古人常评点为"一句揭开题面"。

⊙ 臣闻吏议逐客,窃以为过矣。(《谏逐客书》)

〔译〕我听说官吏们在商议驱逐客卿,私意认为这是错误的。

——起句直接表明自己对于逐客令的反对态度。

⊙ 归去来兮,田园将芜胡不归!(《归去来兮辞》)

〔译〕回去吧,田地与园圃将要长满杂草了,为什么不回去呢!

——起句是对自己的当头棒喝,表现出人生之大彻大悟。田园对作者的召唤,也就是本性的召唤。

⊙ 六国破灭,非兵不利,战不善,弊在赂秦。(《六国论》)

〔译〕六国灭亡,不是因为武器不精良,仗打得不好,弊病在于向秦国割地求和。

——起句否定普遍意见,提出自己的观点。

【浑起】

又叫"放宽起法",用概括性的抽象性的论述来领起全文。

⊙ 呜呼! 盛衰之理,虽曰天命,岂非人事哉!(《五代史伶官传序》)

〔译〕啊呀! 国家的兴盛与衰败的规律,虽然说是上天的意志,难道不是在于人力做成的事吗!

——《五代史伶官传序》主要分析了唐庄宗李存勖宠幸伶人、沉湎享乐而导致身死国亡的历史教训,讨论君王行事对国家兴亡的影响。
但开头从普遍意义上的"盛衰""人事"谈起。

⊙ **水陆草木之花,可爱者甚蕃。**(《爱莲说》)

〔译〕水上、陆地上各种草本木本的花,值得喜
爱的非常多。

——总起一笔。之后由陶渊明爱菊、唐人爱
牡丹,逐步说入爱莲的正题。

⊙ **环滁皆山也。**

〔译〕环绕着滁州城的都是山。

——总起一笔。之后由西南诸峰说到琅琊,
再说到酿泉,最后才说到醉翁亭正题。

【原起】

用追本溯源的方式领起全文。原,即推究初
始情况,包括原理、原古、原事等法。

原理,即推溯至理,在古代即仁、义、性、理等
伦理、哲学观念。

⊙ **天命之谓性,率性之谓道,修道之谓教。**
(《中庸》)

〔译〕天所赋予人的就是本性,遵循着本性行
事发展就是道,把道加以修明并推广于众就
是教化。

原古，即依托古史，因古人有强烈的以史为鉴、以古为尊的意识。

⊙ **古之学者必有师。**（《师说》）

〔译〕古代求学的人一定有老师。

原事，即回溯往事，介绍背景。

⊙ **先帝创业未半而中道崩殂。今天下三分，益州疲弊，此诚危急存亡之秋也。**（《出师表》）

〔译〕先帝开创基业没到一半，就在中途去世了，现在天下分为三块势力，我们益州力量衰弱，这确实是危险急迫、关乎存亡的时候。

⊙ **六王毕，四海一。蜀山兀，阿房出。**（《阿房宫赋》）

〔译〕六国灭亡，天下一统，蜀地的山都被砍光了树木，阿房宫建成了。

【逆起】

从与人们的普遍认识或事件发生的先后次第相逆的角度领起全文的笔法。它往往文势突兀，别开生面，给人以独特的感受。

⊙ **世有伯乐，然后有千里马。千里马常有，而伯乐不常有。故虽有名马，祗辱于奴隶人之手，**

骈死于槽枥之间,不以千里称也。(《马说》)

〔译〕世上有了伯乐,然后才会有千里马。千里马是经常有的,可是伯乐却不经常有。因此,虽然有很名贵的马,也只能在仆从的手下受到屈辱,跟普通的马一起死在马厩里,不能获得千里马的称号。

——本来似乎应该先有千里马,然后才有伯乐,然而作者却逆笔而起,不同凡响,提出了有伯乐才能发现、使用千里马这一令人警醒的更深刻的问题。

【喻起】

用设喻来领起全文的笔法。来裕恂《汉文典》:"喻起者,托他物以发端也。"文言文中常用一组排比进行设喻类比。

⊙ 臣闻求木之长者,必固其根本;欲流之远者,必浚其泉源;思国之安者,必积其德义。(《谏太宗十思疏》)

〔译〕臣听说,谋求树长得好,一定要使它的根扎得稳固;想要水流得远,一定要疏通它的源头;盼望国家安定,一定要累积德行和道义。

⊙ 山不在高,有仙则名;水不在深,有龙则灵;斯

是陋室,惟吾德馨。(《陋室铭》)

〔译〕山不一定要高,有仙人(居住)就有名;水不一定要深,有龙(居住)就显得神异;这是简陋的屋舍,只因主人的品德好就不感到简陋了。

【叙起】

通过一段叙事领起原文。叙述的内容一般是写作缘起,但已为本文的情感或议论作出铺垫。

⊙ 庆历四年春,滕子京谪守巴陵郡。越明年,政通人和,百废俱兴。乃重修岳阳楼,增其旧制,刻唐贤、今人诗赋于其上。属予作文以记之。(《岳阳楼记》)

〔译〕庆历四年的春天,滕子京被贬为巴陵太守。到了第二年,政事顺利,百姓安居乐业,各种荒废的事业都兴办起来了。于是重新修建岳阳楼,扩增它旧有的规模,把唐代名家和今人的诗赋刻在上面,嘱托我写一篇文章来记述这件事。

——"谪守"是为"迁客骚人""感极而悲"铺垫,"政通人和"是为"不以物喜,不以己悲"和"先天下之忧而忧,后天下之乐而乐"铺垫。

结尾法

文章结尾又称收束、归结，一般要收拢前文线索，得出一个结论。来裕恂《汉文典》说："收束之处，文意虽短，笔法最要紧严，意思尤宜周匝，少不经营，则强弩之末矣。"这是要求结尾既意思完备，又短促有力。以下"论结""分结"侧重前者，"断结""引结"侧重后者。"补结""推结"就不是总结前文内容，而是换个角度阐述主题了。

【论结】

在以记叙为主体的文章最后，用一段议论来归结全文。

⊙ 居庙堂之高则忧其民，处江湖之远则忧其君。是进亦忧，退亦忧。然则何时而乐耶？其必曰"先天下之忧而忧，后天下之乐而乐"乎？噫！微斯人，吾谁与归？（《岳阳楼记》）

〔译〕处在高高的庙堂上，则为平民百姓忧虑；处在荒远的江湖中，则替君主担忧。这样（他们）进朝为官也忧虑，退居江湖为民也忧虑。那么什么时候才快乐呢？（他们）一定会说

"在天下人忧虑之前忧虑,在天下人享乐之后
享乐"吧! 啊!(如果)没有这样的人,我同谁
一道呢?

⊙ 狼亦黠矣,而顷刻两毙,禽兽之变诈几何哉?
止增笑耳。(《狼》)

〔译〕狼也太狡猾了,可是一会儿两只狼都被
杀死,禽兽的欺骗手段能有多少呢? 只是增
加笑料罢了。

【断结】

又叫"终篇见主意""卒章显志"。全文虽多方
叙述、议论,但一直未表明用意,直到末尾用一句
论断点出全篇主旨。这句话往往精练扼要而含义
深切动人,称为"警策句"。

⊙ 仁义不施而攻守之势异也。(《过秦论》)

〔译〕就因为不实施仁爱和信义,同时攻守的
形势发生了变化啊。

——全文极力渲染秦的强盛,然后快速转入
陈涉起义和秦的灭亡,直至结尾才一句道破
秦王朝的过失。

⊙ 传其事以为官戒也。(《种树郭橐驼传》)

〔译〕我把这件事写成传记来作为官吏们的

鉴戒。

——全文主要叙述郭橐驼关于种树和做官治民的言论,最后问者的话"吾问养树,得养人术",总结了文章借物喻理的思路。文末再加一句,说明写作目的是表达对现实的批评。

⊙ 太尉苟以为可教而辱教之,又幸矣!(《上枢密韩太尉书》)

〔译〕太尉假如认为我可以教诲从而屈尊教导我的话,就又是我的幸运了!

——全文大谈对"为文"的见解,由增广阅历以"养气"带出对韩太尉的赞美,直到最后一句才提出求见太尉的具体要求,把文章之意真正落到了实处。

【分结】

用一组句子对上文的若干层文意分别进行归结。

⊙ 余是以记之,盖叹郦元之简,而笑李渤之陋也。(《石钟山记》)

〔译〕我因此记下整个过程,主要是叹惜郦道元记录太简略,并且嘲笑李渤见识浅薄。

——文章开头概述了郦道元和李渤对石钟山

得名的意见。文章结尾有大段议论,评说郦道元"言之不详"和"陋者乃以斧斤考击而求之"。文末最后一句,就是对开头和结尾两段文字的两层文意分别作的归结。

⊙ 愿陛下托臣以讨贼兴复之效;不效,则治臣之罪,以告先帝之灵。若无兴德之言,则责攸之、祎、允等之慢,以彰其咎。陛下亦宜自谋,以咨诹善道,察纳雅言,深追先帝遗诏。臣不胜受恩感激。今当远离,临表涕零,不知所言。(《出师表》)

〔译〕希望陛下把讨伐国贼、恢复汉室的功业托付给我;假如没有成果,就治我的罪,来祭告先帝的英灵。如果不能进献增进圣德的忠言,就责备郭攸之、费祎、董允的怠慢,来揭露他们的过失。陛下也应当自己谋划,来征询正确的方略,考察并采纳正确的言论,牢牢记住先帝临终的教诲。我承受不住接受先帝恩德后的感奋激动。现在即将离开陛下去远方,面对此表流下眼泪,不知说了些什么。

——结尾与文章主体逆序对应。"讨贼兴复"总结文章后半"臣本布衣,……此臣所以报先帝而忠陛下之职分也"一层;"兴德之言"总结文章中部"侍中、侍郎郭攸之……可计日而待也"一层;"亦宜自谋"总结文章开头"诚宜开张圣听,……不宜偏私,使内外异法也"一层。

【引结】

用引用古语或典籍的方式归结全文。因为是在文章的结尾处,所以不能大段引用,而是取其精要,激发读者的联想和思考,使文章含蓄且余味无穷。

⊙ 孔子云:"何陋之有?"(《陋室铭》)

　〔译〕孔子说:"有什么简陋的呢?"

　——《论语》原句为:"君子居之,何陋之有?"这里只用后半句,把自诩"君子"隐藏在内,呼应开头的"惟吾德馨",而不露痕迹。

⊙ 聊乘化以归尽,乐夫天命复奚疑!(《归去来兮辞》)

　〔译〕姑且顺着自然的变化走向死亡,乐观地接受天命,还犹疑什么呢!

　——《周易·系辞》云:"乐天知命故不忧。"化、天命,皆指自然之道。结尾两句是诗人人生哲学的高度概括。

【补结】

用补叙事实来归结全文。在补充人物、情节，交代写作背景、意图之外，也有强化主旨的作用。

- 同游者：吴武陵，龚古，余弟宗玄。隶而从者，崔氏二小生，曰恕己，曰奉壹。（《小石潭记》）

  〔译〕同游的人有吴武陵，龚古，我的弟弟宗玄，跟着去的有两个姓崔的年轻人，一个叫恕己，一个叫奉壹。

  ——前面"乃记之而去"，已完成对旅游过程的记叙，最后又补记同游者。这一补充提醒我们，柳宗元并非孤身出游，前面叙述中透出的凄寒无关景致，只因为作者完全沉浸在自身的孤独之中。

- 李氏子蟠，年十七，好古文，六艺经传皆通习之，不拘于时，学于余。余嘉其能行古道，作《师说》以贻之。（《师说》）

  〔译〕李家的孩子名为蟠的，年龄十七，喜欢古文，六经的经文和传文都通篇熟悉了，不受时俗的限制，向我学习。我赞许他能够遵行古人从师之道，写了这篇《师说》赠送给他。

  ——结尾点明写作此文的用意，也是以李蟠

为例，说明有人能行拜师求学之道，并把"好古文"跟"行古道"联系起来，说出了韩愈发起古文运动、弘扬古之师道的最终目的——复兴儒学。

【推结】

结尾不拘限于前文内容，而是推而广之。明代归有光说："题意止此，而于结末复因类以及其余，谓之推广文法。"（《文章指南》）"因类以及其余"就是拓展到同类事实，保证在事理上与前文有相通性，或由古及今，或由近及远，或由物及人，或由特殊到一般。这样使文章主题有所延伸，把读者引向新的境界。有时相当于提出更进一步的话题，但戛然而止，获得"余味不尽"的美学效果。

⊙ 夫祸患常积于忽微，而智勇多困于所溺，岂独伶人也哉！（《五代史伶官传序》）

〔译〕祸患常常是由微小的事情积累而成的，聪明勇敢的人大多被自己沉溺的事物困扰，难道仅仅是伶人（的错）吗？

——文章议论的是后唐庄宗宠幸伶人而致身死国灭的事，结尾又推广到其他让人沉迷的事。

⊙ 故列叙时人，录其所述，虽世殊事异，所以兴怀，其致一也。后之览者，亦将有感于斯

文。(《兰亭集序》)

〔译〕后世读到我们诗作的人,也将被这些诗文感动。

——前文是讲作者哀悼已逝的昔人,结尾又推广到"后之览者",他们哀悼的对象是作者自己。

⊙ **苟以天下之大,下而从六国破亡之故事,是又在六国下矣。(《六国论》)**

〔译〕如果倚仗着整个国家的大势力,自降身份追随六国灭亡的先例,这就又在六国之下了。

——全文议论六国破灭,弊在赂秦,结尾推广到拥有天下之大者,警示统一王朝的宋,点明借古讽今的意图。

文言文常用虚词释例

虚词,亦称"虚字",指语言中只表示语法意义而无词汇意义的词,有代词、副词、连词、介词、助词、语气词和叹词七大类。除叹词和少数副词以外,虚词一般不能单独充当句子成分。虚词数量有限,可以枚举,使用频率比实词高。下面讲解文言文常见的 20 个虚词(而、夫、何、乎、乃、其、且、然、若、所、为、焉、也、以、因、于、与、则、者、之)。

解说虚词用法时,先按词性分大类,再分小类说明具体用法和意义。例句基本出自初、高中文言课文。个别用法的课内例句太少,就选用了其他文言名篇中的句子。

(一)【而】

1. 代词

同"尔",用作第二人称代词的所有格。可译为"你(你们)的"。

⊙ 而翁归,自与汝复算耳。(《促织》)

2. 副词

加强判断，相当于"则"。可译为"就是"。

⊙ 微波入焉，涵淡澎湃而为此也。(《石钟山记》)

3. 连词

(1) 表并列。前后项同时发生，表达上可颠倒顺序。可译为"而且""并且""又"。

⊙ 中峨冠而多髯者为东坡。(《核舟记》)

(2) 表递进。后项比前项在意义上更进一层。可译为"进而""甚至"。

⊙ 非徒无益，而又害之。(《吾善养吾浩然之气》)

(3) 表顺承。前后项在时间上先后发生。可译为"而后""然后""就"。前后动作衔接特别紧密者，可不译。

⊙ 学而时习之，不亦说乎？(《论语》)

(4) 表因果。后项发生前项之后，且在事理上为前项的结果。可译为"从而""所以""那么"。这种用法多数接近顺承，故亦可译为"就"。

⊙ 宋之丁氏，家无井而出溉汲。(《穿井得一人》)

连接语段，表示理论推演。可译为"那么"。

⊙ 四时之景不同,而乐亦无穷也。(《醉翁亭记》)

(5) 表目的。前项的发生是为后项的实现做准备,而后项作为前项的目的,未必真实发生。可译为"来"。

⊙ 择其善者而从之,其不善者而改之。(《论语》)

(6) 表转折。前后项表达相反或相对的意思,且后项为表达的重点。可译为"但是""却"。

⊙ 学而不思则罔,思而不学则殆。(《论语》)

(7) 表修饰。前后项同时发生,但后项为主要行为,前后项为偏正关系。可译为"着""地",或不译。

⊙ 吾尝跂而望矣,不如登高之博见也。(《劝学》)

(8) 表假设。用于假设复句的前一分句。可译为"如果"。

⊙ 锲而舍之,朽木不折;锲而不舍,金石可镂。(《劝学》)

(二)【夫(fú)】

1. 代词

指示代词。指示或标识人或事物,做主语或宾语的定语。可译为"这(个)""那(个)""这些"

"那些"。

⊙ 微夫人之力不及此。(《烛之武退秦师》)

⊙ 予观夫巴陵胜状,在洞庭一湖。(《岳阳楼记》)

2. 助词

句首发语词,表示要做判断或发议论的语气。可不译。

⊙ 夫战,勇气也。(《曹刿论战》)

⊙ 夫晋,何厌之有?(《烛之武退秦师》)

3. 语气词

用于句末,表示赞叹或感叹。可译为"啊""呀"等。

⊙ 逝者如斯夫,不舍昼夜。(《论语》)

⊙ 后之视今,亦犹今之视昔,悲夫!(《兰亭集序》)

(三)【何】

1. 代词

(1) 在疑问句中指代询问的对象,可以做宾语、定语、主语、谓语。

① 用于动词前做宾语。可译为"哪里""什么""怎么"。

⊙ 大王来何操?(《鸿门宴》)

② 用于介词"由""以""为"等前做宾语,可一起译为"靠什么""因为什么"。

⊙ 何以战?(《曹刿论战》)

③ 用于名词或名词短语之前做定语。可译为"哪个""什么"。

⊙ 然则何时而乐耶?(《岳阳楼记》)

④ 做主语,可译为"什么""哪里""谁"。

⊙ 闻姊家有阁子,且何谓阁子也?(《项脊轩志》)

⑤ 做谓语,单独构成问句,可译为"是什么""为什么"。

⊙ 然而成败异变,功业相反,何也?(《过秦论》)

(2) 用于反问句中,表达否定和感叹。可译为"什么""怎么"。

⊙ 若为佣耕,何富贵也?(《陈涉世家》)

2. 副词

(1) 用于形容词谓语前,表示程度深。可译为"多么""何等"。

⊙ 大兄何见事之晚乎!(《孙权劝学》)

(2) 用于动词谓语前,表示对原因的询问。可译为"为什么""怎么"。

⊙ 夫子何哂由也?(《子路、曾皙、冉有、公西华侍坐》)

(3) 用于动词谓语及形容词谓语前,表示对原因的询问。可译为"何尝""何必"。

⊙ 肉食者谋之,又何间焉?(《曹刿论战》)

(四)【乎】

1. 介词

(1) 引介谓语行为的对象。可译为"对"。

⊙ 君子博学而日参省乎己,则知明而行无过矣。(《劝学》)

(2) 引介谓语行为发生的处所。可译为"在"。

⊙ 醉翁之意不在酒,在乎山水之间也。(《醉翁亭记》)

(3) 引介谓语行为发生的时间。可译为"在"。

⊙ 生乎吾前,其闻道也固先乎吾。(《师说》)

(4) 引介谓语行为发生的依据。可译为"根据"。

⊙ 依乎天理，批大郤，导大窾，因其固然。(《庖丁解牛》)

(5) 引介与主语比照的对象，谓语一般为形容词。可译为"比"。

⊙ 以吾一日长乎尔，毋吾以也。(《子路、曾晳、冉有、公西华侍坐》)

2. 助词

语缀助词。用于单音或叠音形容词或副词后，与之构成状语。可译为"地""的样子"，或不译。

⊙ 以无厚入有间，恢恢乎其于游刃必有余地矣。(《庖丁解牛》)

3. 语气词

(1) 表示疑问，用于句末。

① 用于是非问。可译为"吗"。

⊙ 为人谋而不忠乎？(《论语》)

② 用于特指问，常与疑问代词"何""安""孰"等配合。可译为"呢"。

⊙ 技盖至此乎？(《庖丁解牛》)

③ 用于选择问。可译为"吗"。

⊙ 儿寒乎？欲食乎？（《项脊轩志》）

(2) 表示揣度，用于句末，常与表揣度的副词"其""得无""无乃"等配合。可译为"吧"。

⊙ 览物之情，得无异乎？（《岳阳楼记》）

(3) 表示反问，用于句末，常配合表疑问的代词"何""孰"、表反问的副词"其""岂""况"或表否定的副词"不""无"。可译为"呢""吗"。

⊙ 学而时习之，不亦说乎？（《论语》）

(4) 表示感叹，用于句末，配合文意表达叹息、悲痛、赞扬、感慨等语气。可译为"啊""呀""哪"。

⊙ 大兄何见事之晚乎！（《孙权劝学》）

(5) 表示停顿，用在句中某些成分后，表示语音的延长和停顿，实现对前面成分加强调。可译为"啊""呀"，或不译。

⊙ 牡丹之爱，宜乎众矣。（《爱莲说》）

（五）【乃】

1. 代词

第二人称代词。一般用于对话中，指称对方，多做定语。可译为"你(们)的"。

⊙ 与尔三矢，尔其无忘乃父之志。(《五代史伶
官传序》)

2. 副词

(1) 表判断。用于判断句的谓语前，加强判断
语气。可译为"就是"。

⊙ 当立者乃公子扶苏。(《陈涉世家》)

如加强的是对原因的判断。可译为"是因为"
"因为"。

⊙ 夫人情莫不贪生恶死，念父母，顾妻子，至激于
义理者不然，乃有所不得已也。(《报任安书》)

(2) 表限定。用于谓语前，表示对范围的限
制。可译为"仅仅"。

⊙ 而陋者乃以斧斤考击而求之。(《石钟山记》)

(3) 表承接。用于谓语前，表示谓语行为在时
间上紧承前文。

① 强调后项紧接前项发生，突显其快。可译
为"就""马上"。

⊙ 见渔人，乃大惊，问所从来。(《桃花源记》)

② 强调后项待前项条件满足后发生，突显其

慢。可译为"才""再"。

⊙ 四支僵劲不能动，媵人持汤沃灌，以衾拥覆，久而乃和。（《送东阳马生序》）

(4) 表因果。用于谓语前，强调谓语行为与前文有事理上的因果关联。可译为"就""于是"。

⊙ 以其境过清，不可久居，乃记之而去。（《小石潭记》）

(5) 表转折。用于谓语前，表示谓语行为与前文在情势上相悖。可译为"却""竟然"。

⊙ 巫医乐师百工之人，君子不齿，今其智乃反不能及。（《师说》）

3. 连词

(1) 表并列。前后句或段所述事件同时发生。可译为"且""又"。

⊙ 合于《桑林》之舞，乃中《经首》之会。（《庖丁解牛》）

(2) 表转折。用于后一分句或语段之首，表示文意的转折或叙述的转换。

① 表示下文与前文情势相悖。可译为"可是"。

⊙ 时夫仆俱阻险行后，余亦停弗上；乃一路奇景，不觉引余独往。(《徐霞客游记·游黄山日记》)

② 表示转入对另一事件的叙述。可译为"至于"。

⊙ 此人皆意有所郁结，不得通其道，故述往事，思来者。乃如左丘无目，孙子断足，终不可用，退论书策以舒其愤，思垂空文以自见。(《报任安书》)

(六)【其】

1. 代词

(1) 人称代词。

① 用于名词前做定语，多数表示第三人称的领属关系。可译为"他(它)的""他(它)们的"。

⊙ 不得志，独行其道。(《富贵不能淫》)

② 用于方位词前，表示领有的时间或方位。可译为"那事之""在那以"。

⊙ 其后用兵，则遣从事以一少牢告庙。(《五代史伶官传序》)

③ 用于数量词或数词加名词前，表示领有的数量。可译为"其中的"。

⊙ 寺僧使小童持斧，于乱石间择其一二扣之，硿硿焉。（《石钟山记》）

④ 用于表顺序的名词或数词前，表示所属的具体顺序。可不译。

⊙ 太上不辱先，其次不辱身，其次不辱理色。（《报任安书》）

(2) 指示代词。用于名词前做定语，可表示远指、近指或泛指。译为"那(这)个""那(这)些""那(这)种"。

⊙ 复前行，欲穷其林。（《桃花源记》）

(3) 用于动词、形容词前，构成主谓关系，但相当于"主＋之＋谓"的主谓取独结构。可译为"他的""他……的时候"。

① 取独结构做主语：

⊙ 其视下也，亦若是则已矣。（《北冥有鱼》）

② 取独结构做动词或介词的宾语：

⊙ 百姓多闻其贤，未知其死也。（《陈涉世家》）

③ 取独结构做状语：

⊙ 其将归见其亲也，余故道为学之难以告之。（《送东阳马生序》）

2. 副词

(1)表反问。与句末语气词呼应构成反问语气。可译为"难道"。

⊙ 以残年余力，曾不能毁山之一毛，其如土石何？（《愚公移山》）

(2) 表揣度。与句末语气词呼应构成推测语气。可译为"大概"。

⊙ 圣人之所以为圣，愚人之所以为愚，其皆出于此乎？（《师说》）

(3) 表劝令。结合文意或句末语气词构成请求、命令语气。可译为"还是""千万"。

⊙ 与尔三矢，尔其无忘乃父之志！（《五代史伶官传序》）

3. 连词

(1) 表假设。用于假设复句的前一个从句中，配合文义表示假设。译为"如果""假如"。

⊙ 其若是,孰能御之(《齐桓晋文之事》)

(2) 表选择。用于选择复句的分句前,配合文义表示选择。译为"还是"。

⊙ 天之苍苍,其正色邪? 其远而无所至极邪?(《北冥有鱼》)

4. 助词

用于谓语中心词之前,烘托语气,补足音节。

① 用于主谓之间:

⊙ 实迷途其未远,觉今是而昨非。(《归去来兮辞》)

② 用于修饰语和谓语之间:

⊙ 山原旷其盈视,川泽纡其骇瞩。(《滕王阁序》)

(七)【且】

1. 副词

用于谓语前做状语。

① 表示谓语行为即将发生。可译为"将会""将要"。

⊙ 不者,若属皆且为所虏。(《鸿门宴》)

② 表示谓语行为是暂时性的,或持续时间很

短。可译为"暂且""姑且"。

⊙ 故且从俗浮沉，与时俯仰，以通其狂惑。(《报
任安书》)

2. 连词

(1) 表并列。所连接的前后动词动作或形容
词状态同时发生或存在。可译为"同时""而且"
"并且"等。

⊙ 不义而富且贵，于我如浮云。(《论语》)

(2) 表递进。用于后一分句或后一段议论之
首，表示进一步叙述或议论。可译为"况且""还"。

⊙ 公等遇雨，皆已失期，失期当斩。藉第令毋斩，
而戍死者固十六七。且壮士不死即已，死即举
大名耳，王侯将相宁有种乎！(《陈涉世家》)

(3) 表转折。表示情势的转折或叙述的转换。
可译为"却""但"。

⊙ 穷且益坚，不坠青云之志。(《滕王阁序》)

(4) 表让步。用于复句前一分句之首，表示退
让一步，并与后一分句的"安""何""况"等配合，加
强后一句的推论。可译为"尚且"。

⊙ 臣死且不避，卮酒安足辞。(《鸿门宴》)

(八)【然】

1. 代词

人称代词。用作谓语，相当于"如此"。可译为"变成这样""像这样""是这样"。

⊙ 虽有槁暴，不复挺者，輮使之然也。(《劝学》)

2. 连词

表转折。常用于后一分句之首。可译为"但是""可是"。

⊙ 此诚危急存亡之秋也。然侍卫之臣，不懈于内。(《出师表》)

引出的句子并非与前文完全逆转，只是对前文的补充。可译为"不过"。

⊙ 足下事皆成，有功。然足下卜之鬼乎！(《陈涉世家》)

3. 助词

副词、形容词后缀，形容动作行为和事物的状态，可做状语、定语和谓语。可译为"地""的""的样子"。

⊙ 复行数十步,豁然开朗。(《桃花源记》)

4. 叹词

用于应答,表示对对方话语的认同或做出肯定判断。可译为"对的""是这样的"。

⊙ 王曰:然,诚有百姓者。(《齐桓晋文之事》)

(九)【若】

1. 代词

(1) 主要用作第二人称代词。

① 做主语。可译为"你(们)"。

⊙ 若为佣耕,何富贵也?(《陈涉世家》)

② 做定语。可译为"你(们)的"。

⊙ 吾儿,久不见若影。(《项脊轩志》)

(2) 指示代词。主要表示近指,多做定语。可译为"这样的""这些"。

⊙ 以若所为,求若所欲,犹缘木而求鱼也。(《齐桓晋文之事》)

2. 副词

表揣度。用于动词谓语前做状语,表示对情况的推测和估计。可译为"似乎""好像"。

⊙ 潭中鱼可百许头，皆若空游无所依。(《小石潭记》)

3. 连词

(1) 表并列。用于两项之间。可译为"和""或"。

⊙ 以万人若一郡降者，封万户。(《汉书·高帝纪》)

(2) 表转折。用于句首，表示转而提出与上文相关的另一事物。可译为"至于"。

⊙ 无恒产而有恒心者，惟士为能。若民，则无恒产，因无恒心。(《齐桓晋文之事》)

(3) 表假设。用于假设复句的前一分句中。可译为"如果""假如"。

⊙ 若亡郑而有益于君，敢以烦执事。(《烛之武退秦师》)

4. 助词

用于形容词或其他词后做词尾，同于语缀助词"然"。可译为"的样子""地"。

⊙ 桑之未落，其叶沃若。(《诗经·卫风·氓》)

（十）【所】

1. 助词

（1）结构助词，与动词构成名词性短语，一般称为"所"字结构，在句中可以做主语、宾语、名词性谓语或定语。可译为"的东西""的方法""的地方""的事情"等。

⊙ 鱼，我所欲也；熊掌，亦我所欲也。（《鱼，我所欲也》）

"所+动"结构前用结构助词"之"连接表示领属关系的名词或代词：

⊙ 以天下之所顺，攻亲戚之所畔。（《得道多助，失道寡助》）

"所+动"结构中的动词有副词修饰：

⊙ 则秦之所大欲，诸侯之所大患，固不在战矣。（《六国论》）

"所+动"结构作为修饰语：

⊙ 乃丹书帛曰：陈胜王，置人所罾鱼腹中。（《陈涉世家》）

"所+动"结构中的动词前有介词"自""从"

"与""由""为"等：

⊙ 见渔人,乃大惊,问所从来。(《桃花源记》)

(2) 表被动。构成"为……所"的被动句式。

⊙ 昇死,其印为余群从所得,至今宝藏。(《活板》)

(十一)【为】

1. 介词(wèi)

(1) 引介谓语行为的对象,即动作施加的事物或人物。可译为"对""向""拿"。

⊙ 不足为外人道也。(《桃花源记》)

(2) 引介谓语行为的目的或受益者。可译为"为了""给""替"。

⊙ 为人谋而不忠乎?(《论语》)

(3) 引介谓语行为的原因,即导致动作发生的事件。可译为"因为"。

⊙ 乡为身死而不受,今为宫室之美为之。(《鱼,我所欲也》)

2. 助词(wéi)

表被动。用于谓语前表示谓语行为并非主语

做出。可译为"被"。具体有以下形式。

①"为"＋名＋"所"＋动,名词为行为的发出者。

⊙ 其后楚日以削,数十年竟为秦所灭。(《屈原列传》)

②"为"＋名＋动,名词为行为的发出者。

⊙ 一夫作难而七庙隳,身死人手,为天下笑者,何也?(《过秦论》)

③"为"＋"所"＋动,行为的发出者承前省略。

⊙ 不者,若属皆且为所虏。(《鸿门宴》)

④"为"＋动,行为的发出者承前省略。

⊙ 吴广素爱人,士卒多为用者。(《陈涉世家》)

3. 语气词(wéi)

用于反问句末尾。可译为"呢"。

⊙ 何故怀瑾握瑜,而自令见放为?(《屈原列传》)

(十二)【焉】

1. 代词

疑问代词。做前置于动词的宾语,相当于

"何"。可译为"什么""哪里"。

⊙ 世与我而相违,复驾言兮焉求?(《归去来兮辞》)

2. 副词

表示反问,用于动词谓语前,相当于"安"。常与助动词"能""得""可""足"等连用。

⊙ 湖中焉得更有此人?(《湖心亭看雪》)

3. 兼词

(1) 用于谓语后做补语,指明动词谓语行为发生涉及的对象。可译为"对此""向他"。

⊙ 见贤思齐焉。(《论语》)

(2) 用于谓语后做补语,指明动词谓语行为发生或起始的处所。可译为"在这(那)里""从这(那)里"。

⊙ 三人行,必有我师焉。(《论语》)

(3) 用于谓语后做补语,指明形容词谓语比较的对象。可译为"比这(他)"。

⊙ 王曰:"若是其甚与?"曰:"殆有甚焉。"(《齐桓晋文之事》)

(4) 用于谓语前做状语,表示询问。可译为

"在哪里""从哪里"。

⊙ 且焉置土石？（《愚公移山》）

4. 助词

用于形容词或副词后，表示状态，相当于语缀助词"然""若"。可译为"……的样子""地"。

⊙ 盘盘焉，囷囷焉，蜂房水涡，蠹不知乎几千万落。（《阿房宫赋》）

5. 语气词

(1) 用于陈述句末，相当于"也""矣"。可译为"了"。

⊙ 寒暑易节，始一反焉。（《愚公移山》）

如用在句中成分或前一分句之末，有引出下文的语气，可不译。

⊙ 此数宝者，秦不生一焉，而陛下说之，何也？（《谏逐客书》）

(2) 用于疑问句末。可译为"呢"。

⊙ 子闻寡人之声闻亦何如焉。（《韩非子内储说上》）

(3) 用于反问句末。可译为"呢"。

⊙ 肉食者谋之，又何间焉？（《曹刿论战》）

（4）用于感叹句末。可译为"啊""吧"。

⊙ 然郑亡，子亦有不利焉。（《烛之武退秦师》）

（十三）【也】

1. 语气词

（1）判断语气。用于名词性谓语之末，判断主语的特点、性质等。可译为"啊""呀"，或不译。

⊙ 南冥者，天池也。（《北冥有鱼》）

如用判断句式表示对于主语原因的判断，译文在主谓间可加入"因为""原来是"。

⊙ 吾妻之美我者，私我也。（《邹忌讽齐王纳谏》）

（2）陈述语气。用于动词性、形容词性谓语之末，一般对静态事物进行陈述和解释。可不译。

⊙ 三年之后，未尝见全牛也。（《庖丁解牛》）

（3）劝令语气。用于句末，配合副词"其""无""勿""莫"等表示命令、劝诫、祈使或决心、愿望等语气。可译为"吧""呀"。

⊙ 不宜偏私，使内外异法也。（《出师表》）

（4）疑问语气。用于句末，配合疑问词"何""谁""安""曷"等。可译为"呢""呀"。

⊙ 夫子何哂由也？（《子路、曾皙、冉有、公西华侍坐》）

（5）反问语气。用于句末，配合疑问词"何""谁""安""曷"等，表示反问语气。可译为"啊""哪"。

⊙ 君美甚，徐公何能及君也？（《邹忌讽齐王纳谏》）

（6）感叹语气。用于句末，配合文意表示感叹语气。可译为"啊""哪"。

⊙ 足以极视听之娱，信可乐也！（《兰亭集序》）

（7）表示停顿。用于句中主语或状语成分后，表示停顿或提示，并有强调作用。可配合文义译为"啊""呢"，或不译出，或用逗号实现其作用。

① 用于名词主语后。

⊙ 回也不改其乐。（《论语》）

② 用于"之"字取独结构充当的主语后。

⊙ 臣之壮也，犹不如人。（《烛之武退秦师》）

③ 用于介宾结构的状语成分之后。

⊙ 于其身也，则耻师焉。(《师说》)

④ 用于表时间的状语成分之后。

⊙ 大道之行也，天下为公。(《大道之行也》)

(十四)【以】

1. 介词

(1) 引介谓语动作施加的对象。可译为"拿""把"。

① 介宾结构在谓语前。

⊙ 以是人多以书假余。(《送东阳马生序》)

② 介宾结构后置于谓语。

⊙ 遂许先帝以驱驰。(《出师表》)

③ 介宾结构中的宾语前置于介词。

⊙ 仁以为己任，不亦重乎？(《论语》)

④ 省略介宾结构中的宾语。

⊙ 衣食所安，弗敢专也，必以分人。(《曹刿论战》)

(2) 引介谓语动作的参与者。可译为"率领""带着""与""同"。

⊙ 齐侯以诸侯之师侵蔡。(《左传·僖公四年》)

（3）引介谓语动作发生的地点、范围。可译为"在"。

⊙ 秦以攻取之外，小则获邑，大则得城。（《六国论》）

（4）引介谓语动作发生的时间。可译为"在"。

⊙ 武以始元六年春至京师。（《苏武传》）

（5）引介实施谓语动作使用的工具、材料。可译为"用""拿"。

① 介宾结构在谓语前。

⊙ 项伯亦拔剑起舞，常以身翼蔽沛公。（《鸿门宴》）

② 介宾结构后置于谓语。

⊙ 而易之以羊也。（《齐桓晋文之事》）

③ 介宾结构中的宾语前置于介词。

⊙ 全石以为底。（《小石潭记》）

④ 省略介宾结构中的宾语。

⊙ 乃悟前狼假寐，盖以诱敌。（《狼》）

（6）引介完成谓语动作借助的条件、方法、身份。可译为"凭借""靠""通过""用……身份"。

① 介宾结构后置于谓语。

⊙ 域民不以封疆之界。(《得道多助，失道寡助》)

② 介宾结构中的宾语前置于介词。

⊙ 夫君子之行，静以修身，俭以养德。(《诫子书》)

(7) 引介进行谓语行为依据的标准、原则。可译为"按照""根据"。

⊙ 伏惟圣朝以孝治天下。(《陈情表》)

(8) 引介谓语动作发生的原因。可译为"因为"。

⊙ 扶苏以数谏故，上使外将兵。(《陈涉世家》)

省略介宾结构中的宾语。

⊙ 孝公用商鞅之法，移风易俗，民以殷盛，国以富强。(《谏逐客书》)

2. 连词

(1) 表并列。前后项同时发生，表达上可颠倒顺序。可译为"而且""又"。

⊙ 归去来兮，请息交以绝游。(《归去来兮辞》)

(2) 表递进。后项比前项在意义上更进一层。可译为"进而"。

⊙ 老吾老，以及人之老。(《齐桓晋文之事》)

(3) 表顺承。前后项在时间上先后发生。可译为"然后"。

⊙ 卷石底以出，为坻为屿。(《小石潭记》)

(4) 表因果。后项发生前项之后，且在事理上为前项的结果。可译为"从而"。

⊙ 恐付托不效，以伤先帝之明。(《出师表》)

(5) 表目的。后项行动是前项行动的目的。可译为"来"。

⊙ 封闭宫室，还军霸上，以待大王来。(《鸿门宴》)

(6) 表修饰。前后项同时发生，但后项为主要行为。可根据前后项的具体偏正关系译出。

① 前项为状语，修饰后项谓语。可译为"地"。

⊙ 愿夫子辅吾志，明以教我。(《齐桓晋文之事》)

② 前项动作伴随后项动作发生，后项为主要动作，前项为方式或手段。可译为"着"。

⊙ 挟太山以超北海。(《齐桓晋文之事》)

③ 用在表示时间、地域、数量的名词后，下接"上""下""东""西"之类方位词。

⊙ 乃令符离人葛婴将兵徇蕲以东。(《陈涉世家》)

(十五)【因】

1. 介词

(1) 引介谓语行为赖以发生的条件。可译为"凭借""通过"。

⊙ 君因我降,与君为兄弟。(《苏武传》)

(2) 引介谓语行为利用的时机。可译为"趁""趁着"。

⊙ 因利乘便,宰割天下,分裂山河。(《过秦论》)

如引介的宾语承上省略。可译为"趁机"。

⊙ 以是人多以书假余,余因得遍观群书。(《送东阳马生序》)

(3) 引介谓语行为遵循的原则或依据。可译为"根据""按照"。

⊙ 能以径寸之木,为宫室、器皿、人物,以至鸟兽、木石,罔不因势象形。(《核舟记》)

(4) 引介谓语行为发生的原因。可译为"因为""由于"。

⊙ 恩所加,则思无因喜以谬赏。(《谏太宗十思疏》)

2. 连词

(1) 表顺承。用于复句中后面分句的开头或主谓之间,表示前后两句在时间或事理上先后相承。可译为"于是""因而"。

⊙ 安陵君因使唐雎使于秦。(《唐雎不辱使命》)

(2) 表因果。用于因果复句的前一分句。可译为"因为""由于"。

⊙ 祥符中,因造玉清宫,伐山取材,方有人见之。(《梦溪笔谈·雁荡山》)

(十六)【于】

1. 介词

(1) 引介谓语行为的对象。

① 引介直涉对象,即谓语动作直接发生在该事物上。可不译。

⊙ 未尝不叹息痛恨于桓、灵也。(《出师表》)

② 引介旁涉对象,即谓语另带直接宾语。可译为"对""给""跟""与""为""把"等。

⊙ 己所不欲,勿施于人。(《论语》)

③ 用于谓语前的,往往可译为"对……来说""在……方面"。

⊙ 万钟于我何加焉?(《鱼,我所欲也》)

(2) 引介谓语行为发生的处所。

① 引介的处所发生了整个动作过程。可译为"在"。

⊙ 公与之乘,战于长勺。(《曹刿论战》)

② 引介的处所只是动作的起始。可译为"从"。

⊙ 自疏濯淖污泥之中,蝉蜕于浊秽。(《屈原列传》)

③ 引介的处所只是动作的终止。可译为"到"。

⊙ 叩石垦壤,箕畚运于渤海之尾。(《愚公移山》)

(3) 引介谓语行为发生的时间,可译为"在"。

⊙ 受任于败军之际,奉命于危难之间。(《出师表》)

(4) 引介与主语比较的对象,谓语一般为形容词。可译为"比"。

⊙ 是故所欲有甚于生者,所恶有甚于死者。(《鱼,我所欲也》)

(5) 引介谓语行为的施动者。可译为"被"。

⊙ 不拘于时，学于余。(《师说》)

(十七)【与】

1. 介词(yǔ)

(1) 引介谓语行为发生时与主语或上句宾语相伴随的一方。可译为"和……一起""跟"。

⊙ 公与之乘，战于长勺。(《曹刿论战》)

(2) 引介谓语行为发生时与主语相应和、对立的一方。可译为"跟""同"。

⊙ 秦伯说，与郑人盟。(《烛之武退秦师》)

(3) 引介谓语行为依凭的对象。可译为"随着""根据"。

⊙ 年与时驰，意与日去，遂成枯落。(《诫子书》)

(4) 引介与主语比较、参照的对象。可译为"和……比""同"。

⊙ 吾与徐公孰美？(《邹忌讽齐王纳谏》)

2. 连词(yǔ)

连接的词或词组为并列关系。可译为"和""同"。

⊙ 所以遣将守关者,备他盗之出入与非常也。(《鸿门宴》)

3. 语气词(yú)

(1) 用在疑问句末表示疑问语气。可译为"吗"。

⊙ 而君逆寡人者,轻寡人与?(《唐雎不辱使命》)

(2) 用在反问句末表示反问语气。可译为"吗"。

⊙ 无乃尔是过与?(《季氏将伐颛臾》)

(十八)【则】

1. 副词

(1) 用于判断句的名词性谓语前,加强判断语气。可译为"就是"。

⊙ 日中不至,则是无信。(《陈太丘与友期》)

(2) 用于陈述句的谓语前,加强肯定语气。可译为"一定""确实"。

⊙ 若印数十百千本,则极为神速。(《活板》)

(3) 用于陈述句的谓语前,表示谓语的发生距离前一句所述事件很近。可译为"就"。

⊙ 范增起,出,召项庄,谓曰:"君王为人不忍。

若入前为寿,寿毕,请以剑舞,因击沛公于坐,杀之。不者,若属皆且为所虏。"庄则入为寿。(《鸿门宴》)

2. 连词

(1) 表顺承。连接两项谓语,前后两项在时间上前后相承。可译为"就""便"。

① 前项是假设的情境:

⊙ 山不在高,有仙则名;水不在深,有龙则灵。(《陋室铭》)

② 前项是已然发生的事:

⊙ 此印者才毕,则第二板已具。(《活板》)

③ 客观上是先发生了后项事件,但是后项事件是由前项动作(观察动词)发现的。可译为"(原来)已经"。

⊙ 其子趋而注视之,苗则槁矣。(《吾善养吾浩然之气》)

(2) 表推断。连接两项谓语,后项是在前项基础上的推断。

① 前项为假设情境,后项是对其结果的推断。可译为"那么""就会"。

⊙ 一箪食，一豆羹，得之则生，弗得则死。(《鱼，
　　我所欲也》)

② 前项为已知结果，后项是对其原因的推理。
可译为"可见"。

⊙ 今子有五石之瓠，何不虑以为大樽，而浮乎江
　　湖？而忧其瓠落无所容？则夫子犹有蓬之心
　　也夫(《五石之瓠》)

(3) 表转折。用于转折复句后面正分句的主
谓之间。可译为"反而""却"。

⊙ 爱其子，择师而教之，于其身也，则耻师焉。
　　(《师说》)

(4) 表修饰。连接两项谓语，前项是后项行为
发生的情境，可译为"在……时候(情况下)"。

⊙ 春冬之时，则素湍绿潭，回清倒影。(《三峡》)

(5) 表假设。在表假设的分句的主谓之间。
可译为"如果""假如""若"。

⊙ 入则无法家拂士，出则无敌国外患者，国恒
　　亡。(《生于忧患，死于安乐》)

(6) 表让步。用于偏正复句的偏分句，通过对

事实的承认表示让步,后面分句表示转折或推论,后面分句之首常有"而""然""抑"等转折连词与之呼应。可译为"确实""倒是"。

⊙ 彼齐云、落星,高则高矣。(《黄冈竹楼记》)

3. 语气词

常与疑问词"何"配合,构成疑问句。可译为"呢"。

⊙ 何则? 质性自然,非矫厉所得。(《归去来兮辞》)

(十九)【者】

1. 助词

(1) 结构助词,用于名词、动词、形容词、数词甚至词组、句子后,使其变为名词性短语,一般称为"者"字结构。可译为"的人(事情、东西)"。

⊙ 肉食者谋之,又何间焉? (《曹刿论战》)

(2) 结构助词,用于定语后置结构的定语之后。主要有以下形式:

① 名+"之"+定+"者"。

⊙ 马之千里者,一食或尽粟一石。(《马说》)

② 名＋定＋"者"。

⊙ 盖简桃核修狭者为之。(《核舟记》)

③ 名＋"有"＋定＋"者"。

⊙ 客有吹洞箫者,倚歌而和之。(《赤壁赋》)

(3) 用于"今""昔""向""曩"等时间副词后,凑足双音节并强化副词性。

⊙ 夫颛臾,昔者先王以为东蒙主。(《季氏将伐颛臾》)

2. 语气词

(1) 用在单句或复句之末,表示陈述句结尾的肯定语气。

⊙ 吴广素爱人,士卒多为用者。(《陈涉世家》)

有时与句末表判断语气的"也"连用。

⊙ 沛公之参乘樊哙者也。(《鸿门宴》)

(2) 用于假设分句之末,后有分句表达结果。译时可加在假设分句之首加假设连词"如果""假如",或在其末加"的话"。

⊙ 入则无法家拂士,出则无敌国外患者,国恒亡。(《生于忧患,死于安乐》)

(3) 用在疑问句末,句中常有疑问词"安""谁""孰""何"等与之呼应。可译为"吗""啊"。

⊙ 谁为大王为此计者?(《鸿门宴》)

(4) 用于反问末。可译为"呢""吗"。

⊙ 安见方六七十,如五六十而非邦也者?(《子路、曾皙、冉有、公西华侍坐》)

(5) 用于主语或复句的前一分句之后,表示停顿,并引起下文对主语的判断或陈述。

① 引出判断。

⊙ 师者,所以传道受业解惑也。(《师说》)

② 引出陈述。

⊙ 称善者久之。(《周亚夫军细柳》)

③ 用判断句式表示对于主语原因的判断。

⊙ 客之美我者,欲有求于我也。(《邹忌讽齐王纳谏》)

(二十)【之】

1. 助词

(1) 用于偏正结构的修饰语之后,中心语之前。可译为"的"。

①　用于名词前。

⊙　三里之城，七里之郭，环而攻之而不胜。（《得道多助，失道寡助》）

②　用于"所"字结构前。

⊙　以天下之所顺，攻亲戚之所畔。（《得道多助，失道寡助》）

③　前后项是比喻关系。可译为"像……一样的""……那样的"。

⊙　才能不及中人，非有仲尼、墨翟之贤，陶朱、猗顿之富。（《过秦论》）

④　用于以形容词为后项的偏正结构。

⊙　域民不以封疆之界，固国不以山溪之险，威天下不以兵革之利。（《得道多助，失道寡助》）

(2)　用于主语和谓语之间，取消该结构独立成句的可能性，使之词组化并成为比它更大的语言结构的一部分。可不译，有些可译为"的"。

①　取独后的结构做主语。

⊙　妾之美我者，畏我也。（《邹忌讽齐王纳谏》）

② 取独后的结构做谓语。

⊙ 此庸夫之怒也，非士之怒也。(《唐雎不辱使命》)

③ 取独后的结构做宾语。

⊙ 予独爱莲之出淤泥而不染。(《爱莲说》)

④ 取独后的结构做时间状语。可译为"在……时候"。

⊙ 丈夫之冠也，父命之；女子之嫁也，母命之。(《富贵不能淫》)

⑤ 取独后的结构做定语。

⊙ 此非孟德之困于周郎者乎？(《赤壁赋》)

⑥ 取独后的结构单独使用，表示感叹。

⊙ 庶斯楼之不朽也！(《黄冈竹楼记》)

(3) 用于主语和介宾结构之间。

⊙ 君子之于禽兽也，见其生，不忍见其死。(《齐桓晋文之事》)

(4) 用于中心语和补语之间。

⊙ 求闻之若此，不若无闻也。(《穿井得一人》)

（5）用于定语后置结构的中心语之后，后置定语之前。

⊙ 居庙堂之高则忧其民；处江湖之远则忧其君。
（《岳阳楼记》）

（6）用于宾语前置结构的前置宾语之后，谓语之前。

⊙ 句读之不知，惑之不解，或师焉，或不焉。
（《师说》）

（7）用于表示时间的副词、形容词，或不及物动词之后，强调时间的长短或动作的发生。

⊙ 公将鼓之。（《曹刿论战》）

参考书目

[清]李云程编,蒙木点校:《古文笔法百篇(经典本)》,北京出版社,2018 年 5 月。

[清]吴楚材、吴调侯编选,洪本健等解题汇评:《古文观止(解题汇评本)》,上海古籍出版社,2018 年 11 月。

王力著:《古代汉语常识》,北京联合出版公司,2019 年 6 月。

张中行主编:《文言常识》,生活·读书·新知三联书店,2014 年 6 月。

裘锡圭著:《文字学概要(修订本)》,商务印书馆,2013 年 7 月。

蒋绍愚著:《古汉语词汇纲要》,商务印书馆,2021 年 8 月。

杨伯峻著:《文言语法》,中华书局,2016 年 6 月。

史幼华编著:《文言常用句式》,北京教育出版社,1987 年 3 月。

董治国著:《古代汉语句型初学指南》,南开大学出版社,2015 年 9 月。

杨树达著:《杨树达讲文言修辞》,凤凰出版社,2009 年 5 月。

陈望道著:《修辞学发凡》,复旦大学出版社,2008 年 1 月。

周振甫著:《文章例话》,江苏教育出版社,2005 年 11 月。

陆平编著:《古文溯游:高中必修文言文逐字突破》,南京大学出版社,2021 年 4 月。

金振邦编著:《文章技法辞典》,东北师范大学出版社,1991 年 6 月。

杨亦鸣主编:《文言文学习辞典》,黄山书社,1998 年 10 月。

马文熹等编著:《古代汉语知识辞典》,中华书局,2004 年 5 月。

向熹主编:《古代汉语知识词典》,四川辞书出版社,2007 年 6 月。

知识结构图

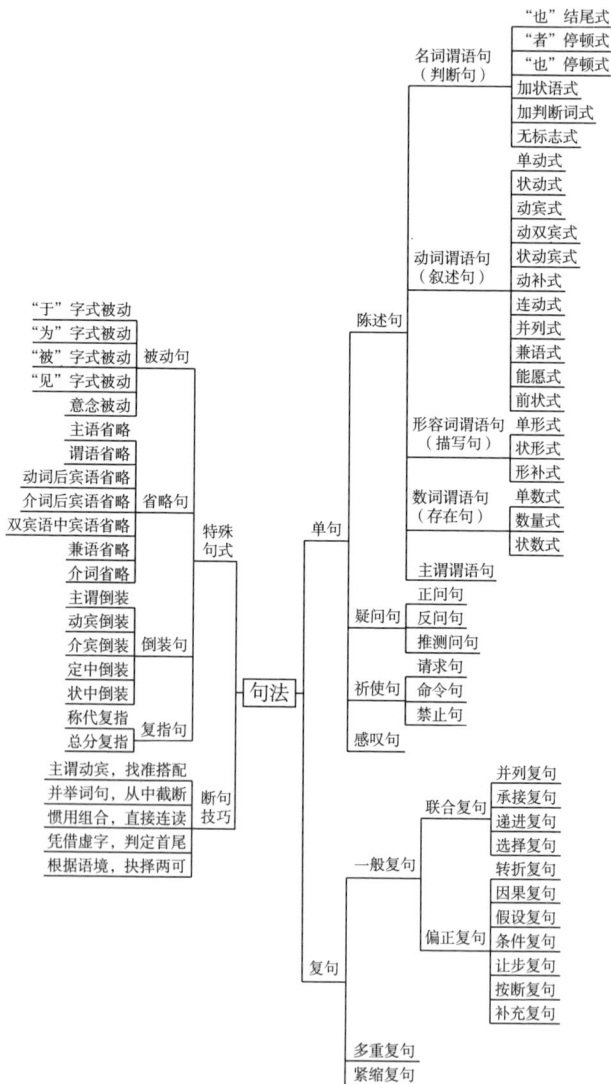

- 句法
  - 特殊句式
    - 被动句
      - "于"字式被动
      - "为"字式被动
      - "被"字式被动
      - "见"字式被动
      - 意念被动
    - 省略句
      - 主语省略
      - 谓语省略
      - 动词后宾语省略
      - 介词后宾语省略
      - 双宾语中宾语省略
      - 兼语省略
      - 介词省略
    - 倒装句
      - 主谓倒装
      - 动宾倒装
      - 介宾倒装
      - 定中倒装
      - 状中倒装
    - 复指句
      - 称代复指
      - 总分复指
    - 断句技巧
      - 主谓动宾，找准搭配
      - 并举词句，从中截断
      - 惯用组合，直接连读
      - 凭借虚字，判定首尾
      - 根据语境，抉择两可
  - 单句
    - 陈述句
      - 名词谓语句（判断句）
        - "也"结尾式
        - "者"停顿式
        - "也"停顿式
        - 加状语式
        - 加判断词式
        - 无标志式
      - 动词谓语句（叙述句）
        - 单动式
        - 状动式
        - 动宾式
        - 动双宾式
        - 状动宾式
        - 动补式
        - 连动式
        - 并列式
        - 兼语式
        - 能愿式
        - 前状式
      - 形容词谓语句（描写句）
        - 单形式
        - 状形式
        - 形补式
      - 数词谓语句（存在句）
        - 单数式
        - 数量式
        - 状数式
      - 主谓谓语句
    - 疑问句
      - 正问句
      - 反问句
      - 推测问句
    - 祈使句
      - 请求句
      - 命令句
      - 禁止句
    - 感叹句
  - 复句
    - 一般复句
      - 联合复句
        - 并列复句
        - 承接复句
        - 递进复句
        - 选择复句
      - 偏正复句
        - 转折复句
        - 因果复句
        - 假设复句
        - 条件复句
        - 让步复句
        - 按断复句
        - 补充复句
    - 多重复句
    - 紧缩复句

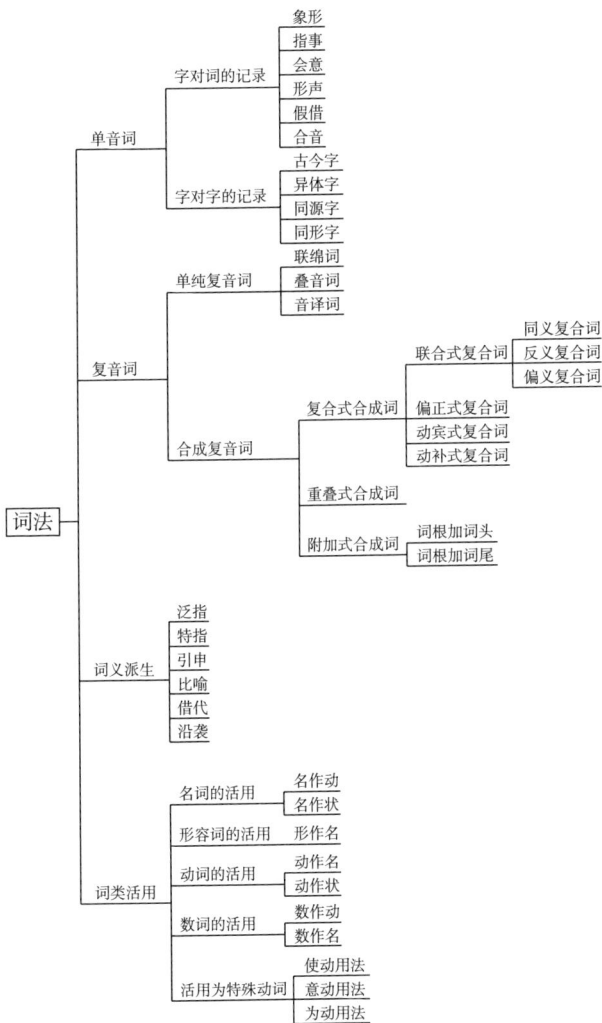

```
            ┌─ 象形
            ┌─ 字对词的记录 ┤─ 指事
            │            ├─ 会意
            │            ├─ 形声
            │            ├─ 假借
      ┌─ 单音词 ┤            └─ 合音
      │     │            ┌─ 古今字
      │     └─ 字对字的记录 ┤─ 异体字
      │                  ├─ 同源字
      │                  └─ 同形字
      │              ┌─ 联绵词
      │     ┌─ 单纯复音词 ┤─ 叠音词
      │     │          └─ 音译词
      │     │                              ┌─ 同义复合词
      │     │                   ┌─ 联合式复合词 ┤─ 反义复合词
      ├─ 复音词 ┤                   │            └─ 偏义复合词
      │     │          ┌─ 复合式合成词 ┤─ 偏正式复合词
      │     │          │            ├─ 动宾式复合词
      │     └─ 合成复音词 ┤            └─ 动补式复合词
      │                ├─ 重叠式合成词
      │                └─ 附加式合成词 ┬─ 词根加词头
      │                              └─ 词根加词尾
词法 ┤
      │          ┌─ 泛指
      │          ├─ 特指
      │          ├─ 引申
      ├─ 词义派生 ┤─ 比喻
      │          ├─ 借代
      │          └─ 沿袭
      │
      │          ┌─ 名词的活用 ┬─ 名作动
      │          │           └─ 名作状
      │          ├─ 形容词的活用 ── 形作名
      │          ├─ 动词的活用 ┬─ 动作名
      └─ 词类活用 ┤           └─ 动作状
                 ├─ 数词的活用 ┬─ 数作动
                 │           └─ 数作名
                 └─ 活用为特殊动词 ┬─ 使动用法
                                ├─ 意动用法
                                └─ 为动用法
```

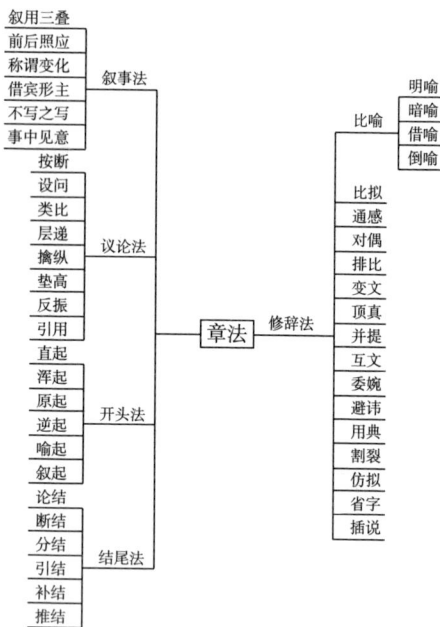